Collins

CSEC®

French

WORKBOOK

Oliver Gray

William Collins' dream of knowledge for all began with the publication of his first book in 1819.

A self-educated mill worker, he not only enriched millions of lives, but also founded a flourishing publishing house. Today, staying true to this spirit, Collins books are packed with inspiration, innovation and practical expertise. They place you at the centre of a world of possibility and give you exactly what you need to explore it.

Collins. Freedom to teach.

Published by Collins
An imprint of HarperCollins*Publishers*
The News Building
1 London Bridge Street
London SE1 9GF

HarperCollins *Publishers*
Macken House,
39/40 Mayor Street Upper,
Dublin 1,
D01 C9W8
Ireland

Browse the complete Collins catalogue at
www.collins.co.uk

British Library Cataloguing-in-Publication Data
A catalogue record for this publication is available from the British Library.

Author: Oliver Gray
Additional material: Stuart Glover and Céline Durassier
Commissioning editor: Lisa Todd
Senior editor: Mike Appleton
Series editor: Stuart Glover
Editor: Céline Durassier
Proofreaders: Jenny Gwynne, Laurie Duboucheix-Saunders
Cover designer: Gordan MacGilp
Cover illustrator: Maria Herbert-Liew
Typesetter: Ken Vail Graphic Design Ltd
Illustrators: QBS
Production controller: Sarah Burke
Printed and bound in the UK using 100% Renewable Electricity at CPI Group (UK) Ltd

The publishers gratefully acknowledge the permission granted to reproduce the copyright material in this book. Every effort has been made to trace copyright holders and to obtain their permission for the use of copyright material. The publishers will gladly receive any information enabling them to rectify any error or omission at the first opportunity.

MIX
Paper | Supporting responsible forestry
FSC™ C007454

This book is produced from independently certified FSC™ paper to ensure responsible forest management.

For more information visit: www.harpercollins.co.uk/green

Contents

1.1 Ma famille, mes animaux et moi

1 Écrivez les adjectifs au féminin.

1 grand _____
2 long _____
3 petit _____
4 intelligent _____
5 beau _____
6 heureux _____

7 gentil _____
8 blanc _____
9 vieux _____
10 joli _____
11 mauvais _____

2 Accordez l'adjectif avec son nom et placez-le avant ou après le nom.

1 (rouge) un chapeau _____
2 (gris) des yeux _____
3 (petit) ma sœur _____
4 (noir) des cheveux _____
5 (marron) un lapin _____
6 (joli) une maison _____
7 (jeune) une fille _____
8 (timide) une personne _____
9 (mignon) un chat _____
10 (aimable) mon grand-père _____

3 Lisez cet e-mail de Pamela à Julie. Choisissez les bons mots.

Chère Julie,

Est-ce que je peux correspondre avec toi ? J'habite avec mes parents dans une jolie petite maison jaune à Basse-Terre (la capitale de la Guadeloupe). Ma sœur Jeanette a les cheveux longs et je la trouve belle. Elle est plus âgée que moi et mon petit frère Karim n'a que cinq ans. Je l'adore ! Mon père n'a pas de cheveux mais il a une barbe grise. Ma mère est super sympa. J'ai de la chance – mes parents ne sont pas divorcés. Je m'entends bien avec tout le monde. Et toi ?

Pamela

1 Pamela habite en **France / aux Caraïbes**.
2 Elle habite dans **une maison / un appartemen**t.
3 Elle a **un frère / un frère et une sœur**.
4 Jeanette a les cheveux **longs / court**s.
5 Pamela **adore / n'aime pas** son frère.
6 Sa maison est **grande / petite**.
7 Son père a **une barbe / les cheveux courts**.
8 Ses parents sont **divorcés / ensemble**.

→ *Grammaire: A1 and A2 Adjectives SB p.225–226*

4 Écrivez un e-mail à un(e) correspondant(e), comme l'e-mail de Pamela. N'oubliez pas d'utiliser des adjectifs. Mentionnez :

- les membres de votre famille
- leur description physique et leur personnalité

_____
_____
_____
_____
_____
_____
_____
_____
_____
_____
_____

5 Posez et répondez aux questions avec votre partenaire.

- Tu as des frères et sœurs ?
- Comment sont-ils/elles ?
- Comment sont tes parents ?
- Tu as des animaux ?

Écrivez les réponses de votre partenaire.

_____
_____
_____
_____
_____
_____
_____
_____

6 Traduisez les phrases en français.

1 I get on well with my brother. _____

2 I don't get on well with my father. _____

3 He is often in a bad mood. _____

4 He annoys me. _____

5 My mother is always calm. _____

6 My parents are divorced. _____

1.2 La vie quotidienne

1 Traduisez les phrases en anglais.

1 J'habite une grande maison au centre ville.

_____

2 Au rez-de-chaussée il y a une cuisine, un salon, une salle à manger et un petit bureau.

_____

_____

3 Au premier étage nous avons trois chambres et une salle de bains.

_____

4 Ma pièce préférée c'est ma chambre car elle est confortable.

_____

2 Conjuguez les verbes au présent.

1 finir :   elle _____   vous _____   ils _____

2 jouer :   je _____   on _____   nous _____

3 vendre :   il _____   vous _____   elles _____

4 travailler :   tu _____   on _____   vous _____

5 comprendre : je _____   nous _____   ils _____

6 passer :   tu _____   elle _____   vous _____

7 choisir :   je _____   nous _____   vous _____

8 arriver :   elle _____   vous _____   elles _____

3 Complétez les phrases avec le bon pronom réfléchi.

1 Je _____ douche toujours le matin.

2 Elle _____ habille dans sa chambre.

3 Nous _____ amusons pendant la récré.

4 Mario _____ lève à sept heures.

5 Mes parents _____ appellent Georges et Laura.

6 Layla _____ brosse les dents après le repas.

7 Je _____ couche de bonne heure.

8 Vous _____ réveillez trop tard.

4 Trouvez le bon verbe dans l'encadré et conjuguez-le au présent.

Je **1** _____ _____ à sept heures, je **2** _____ _____ , je

3 _____ _____ les dents et je **4** _____ _____ .

Mon frère **5** _____ le petit déjeuner à huit heures et il **6**

_____ le bus pour aller au collège. Il **7** _____ vers

quatre heures et nous **8** _____ à sept heures.

À dix heures mes parents **9** _____ _____ les dents et ils **10**

_____ _____ à dix heures et quart.

se brosser
manger
se doucher
se brosser
se coucher
s'habiller
prendre
manger
rentrer
se lever

  → *Grammaire: A2 and A4 The present tense SB p.231–233; A3 Reflexive pronouns SB p.229*

5 **Réécrivez le texte de l'exercice 4 en l'adaptant pour vous. Ajoutez d'autres détails.**

_____
_____
_____
_____
_____
_____
_____

6 **Reliez les débuts aux fins de phrase. Attention au pronom réfléchi.**

1 D'habitude mon père... ☐   **a** ... vous couchez tard le weekend ?

2 Le matin je... ☐   **b** ... se brosser les dents.

3 À la maison nous ne... ☐   **c** ... me réveille vers sept heures.

4 Normalement mes parents... ☐   **d** ... te lèves le matin ?

5 Ma sœur et moi, nous... ☐   **e** ... se détend devant la télé.

6 Mon frère cadet oublie de... ☐   **f** ... nous couchons pas tôt.

7 À quelle heure tu... ☐   **g** ... se relaxent le weekend.

8 Est-ce que vous... ☐   **h** ... nous entendons bien.

7 **Lisez cette description d'une maison. Changez les détails et écrivez une description détaillée de votre maison/appartement.**

> Ma maison est assez grande. En bas il y a six pièces. La cuisine est trop petite à mon avis mais le salon est spacieux et on y regarde la télé le soir en famille. La salle à manger est aussi assez petite et on dîne ensemble seulement le dimanche. Il y a aussi un bureau où mon père travaille souvent, une salle de bains et une salle de jeux.
>
> En haut il y a quatre chambres et une autre salle de bains. Je partage ma chambre avec ma sœur et je n'aime pas ça car elle se lève tôt le matin et elle me dérange.

_____
_____
_____
_____
_____
_____
_____
_____
_____

1.3 La vie en famille

1 **Reliez la description au membre de la famille.**

1 le fils de mon frère ☐   **a** ma cousine

2 la fille de ma tante ☐   **b** mon beau-frère

3 le frère de ma mère ☐   **c** mon neveu

4 le mari de ma sœur ☐   **d** ma petite-fille

5 la mère de mon père ☐   **e** ma grand-mère

6 la fille de ma fille ☐   **f** ma mère

7 la femme de mon père ☐   **g** mon oncle

8 la fille de ma mère et de mon beau-père ☐   **h** ma demi-sœur

2 **Complétez les phrases avec la bonne forme du verbe.**

1 Emma : Je _____ une fois par semaine. (passer l'aspirateur)

2 Lucas : Je _____ tous les jeudis. (sortir les poubelles)

3 Manon : Je _____ après le dîner. (faire la vaisselle)

4 Gabriel : Je _____ de temps en temps. (ranger ma chambre)

5 Lilou : Je _____ avec plaisir. (préparer le dîner)

6 Raphael : Je _____ chaque soir. (mettre la table)

3 **Faites un sondage dans la classe. Qui fait quoi pour aider à la maison ? Écrivez les résultats.**

● Est-ce que tu *tries les déchets/fais la vaisselle/range ta chambre... ?*

_____

_____

_____

_____

_____

_____

_____

_____

_____

_____

→ *Grammaire: A2 The present tense SB p.231–233*

4 **Lisez ce paragraphe et remplissez les blancs. Utilisez les mots de l'encadré.**

très   fait   souvent   semaine   mets   travaillons   mais   trie   range   prépare

Une fois par **1** _____ je passe l'aspirateur. Le samedi soir je
2 _____ la table et mon frère **3** _____ la vaisselle. C'est ma
mère qui **4** _____ les déchets et mon père **5** _____ tous les
repas.
Je **6** _____ rarement ma chambre, alors elle n'est pas **7** _____
propre. Ma sœur et moi **8** _____ dans le jardin de temps en temps et mon
frère ne nous aide pas, **9** _____ il sort **10** _____ les poubelles.

5 **Conjuguez les verbes au présent et à la bonne personne.**

1 être: je _____   elle _____   nous _____

2 aller: tu _____   nous _____   ils _____

3 avoir: j' _____   on _____   elles _____

4 mettre: il _____   vous _____   ils _____

5 faire: tu _____   nous _____   elles _____

6 **Lisez le texte et écrivez vrai (V), faux (F) ou pas mentionné (PM).**

Sandrine

Dans ma famille il y a des tensions parce que
mon frère est paresseux. Je me dispute avec
lui parce que mes parents sont divorcés et ma
mère travaille. Il est nécessaire de l'aider avec
le ménage mais que fait mon frère ? Rien.
Il ne passe jamais l'aspirateur, il ne nettoie
jamais la salle de bains et il ne pense jamais
au recyclage. Moi, je fais beaucoup de choses :
la cuisine, les poubelles, le jardin. Ce n'est pas
juste et je ne m'entends pas du tout avec lui.

1 Sandrine est divorcée.   _____

2 Elle habite avec son père.   _____

3 Sa mère a un emploi.   _____

4 Son frère aide à la maison.   _____

5 Son frère ne passe pas l'aspirateur.
_____

6 Sandrine range les chambres.
_____

7 **Et vous ? Que font les membres de votre famille pour aider à la maison ? Écrivez un
paragraphe.**

_____
_____
_____
_____
_____
_____

1.4 Ma maison

1 Soupe de lettres. Trouvez le bon mot.

1 eablt _____

2 laufueti _____

3 caaénp _____

4 til _____

5 ormriae _____

6 heicas _____

7 emocdom _____

8 pemla _____

2 Lisez le texte et reliez les débuts aux fins de phrase.

> J'habite dans une petite maison au centre de Bellac, une ville près de Limoges. Nous avons une cuisine, une salle à manger et un salon mais nous n'avons pas de garage. Au premier étage il y a une salle de bains avec douche et trois chambres. Le jardin est très petit mais nous avons un balcon. Dans ma chambre, j'ai un lit et une table mais je n'ai pas de télé.

1 On prépare les repas... ☐

2 On se douche... ☐

3 Je dors... ☐

4 J'habite... ☐

5 Nous avons... ☐

6 Nous n'avons pas... ☐

a ... de grand jardin.

b ... dans une ville.

c ... trois chambres.

d ... dans la salle de bains.

e ... dans ma chambre.

f ... dans la cuisine.

3 Écrivez le contraire de ces phrases. Utilisez *ne… pas, ne… jamais, ne… rien* ou *ne… personne*.

1 Je bois du thé. (*not*) _____

2 Il dit « bonjour ». (*nothing*)_____

3 Je vois quelqu'un. (*nobody*) _____

4 Nous prenons le bus. (*never*) _____

5 Nathan habite à Calais. (*not*) _____

4 Répondez aux questions. Défi ! Il faut écrire le nombre de mots indiqué.

1 Comment est ta maison/ton appartement ? (8 mots)

_____

_____

2 Quelle est ta pièce préférée ? Pourquoi ? (12 mots)

_____

_____

3 Que fais-tu pour aider à la maison ? (10 mots)

_____

_____

4 Tu aimes préparer les repas ? Pourquoi (pas) ? (9 mots)

_____

_____

→ *Grammaire: A3 Negatives SB p.233*

1.5 Mon quartier

1   **Choisissez *quel*, *quelle*, *quels* ou *quelles*.**

1   _____ est le nom (m) de ce groupe ?

2   _____ heure (f) est-il ?

3   Dans _____ région (f) habitez-vous ?

4   _____ boissons (f pl) préférez-vous ?

5   _____ sont tes livres (m pl) préférés ?

6   _____ réponse (f) est correcte ?

2   **Lisez la description et remplissez les blancs en anglais.**

> Géraldine habite à Bordeaux. C'est un grand port dans le sud-ouest de la France sur la Garonne. La ville est connue pour sa cathédrale gothique, ses musées d'art et les grands magasins du centre. La Grande Place avec son marché est très belle et près de la rivière se trouve le « miroir d'eau », une grande fontaine. Il y a beaucoup à faire pour les touristes : on peut manger dans un bistro, aller au cinéma ou au concert et, si on veut, on peut acheter des antiquités.

Bordeaux is a **1** _____ in the **2** _____ of France.

The Garonne is a **3** _____. There is a gothic

4 _____ and near the river there is a **5** _____.

You can eat in a **6** _____ and if you **7** _____,

you can buy some **8** _____.

3   **Écrivez un paragraphe sur votre ville comme celui de l'exercice 2. Mentionnez :**

- où elle est située
- les attractions
- les magasins
- ce qu'on peut y faire

_____

_____

_____

_____

_____

_____

4 **Parler : Jeu de rôle**

> **Vous êtes en France et vous rencontrez votre correspondant(e) français(e) pour la première fois.**
>
> **Candidat(e) :** vous-même
>
> **Professeur :** correspondant(e)
>
> Le/la professeur va commencer le jeu de rôle.
>
> Répondez à toutes les questions.

> Always read the role-play card carefully. Try to anticipate the questions that your teacher will ask you. Here, you are meeting someone for the first time: what are you likely to tell each other?

5 **Parler: Conversation**

> Répondez aux 5 questions.
>
> Le/la professeur va commencer la conversation.
>
> Répondez à toutes les questions.

6 **Écrire**

Vous vous appelez Tom. Vous cherchez un(e) correspondant(e) français(e).

Complétez la fiche **en français**.

Prénom	Tom
Nationalité	
Occupation	
Âge	17 ans
Famille	deux frères
Caractère	
Passe-temps favoris (2 détails)	
Animaux domestiques	cochons d'Inde

2.1 Au collège

1 C'est quelle matière ? Écrivez le mot français.

> espagnol EPS dessin maths biologie anglais français histoire

1 « Bonjour » _____

2 athlétisme _____

3 2 x 10 = 20 _____

4 les plantes et les animaux _____

5 « Roméo et Juliette » _____

6 Napoléon III _____

7 « Buenos días » _____

8 Picasso _____

2 Les opinions sont positives ou négatives ? Écrivez P ou N.

1 Je le trouve ennuyeux. _____

2 On a trop de devoirs. _____

3 Le prof est sympa. _____

4 Le prof est sévère. _____

5 C'est bon pour la santé. _____

6 Je le déteste. _____

7 C'est ma matière préférée. _____

8 C'est difficile. _____

9 Je suis doué. _____

10 Je suis faible. _____

3 Écrivez quatre opinions sur vos matières. Utilisez les verbes suivants: aimer / adorer / détester / préférer.

J'adore… parce que c'est…

_____

_____

_____

_____

_____

_____

_____

_____

4 Traduisez les adjectifs en français.

1 weak _____

2 strong _____

3 useless _____

4 talented _____

5 strict _____

6 boring _____

7 difficult _____

8 useful _____

5 Lisez les opinions de Jamila et répondez aux questions par oui ou non.

Jamila

Au collège j'ai des problèmes avec les sciences. Je trouve la physique très difficile et en plus, le prof est trop strict et nous donne trop de devoirs. À part ça, je suis assez contente de mes matières. J'aime surtout l'EPS (c'est bon pour la santé) mais ma spécialité, c'est les langues. Je suis douée en anglais et je veux passer mes vacances en Écosse. Je voudrais aussi apprendre le chinois parce que la Chine est une économie très importante. Je voudrais peut-être trouver un emploi en Chine.

1 Est-ce qu'elle aime les sciences ? _____

2 Est-ce qu'elle aime le prof de sciences ? _____

3 Est-ce qu'elle aime ses matières en général ? _____

4 Est-elle sportive ? _____

5 Est-elle bonne en anglais ? _____

6 Est-ce qu'elle veut passer ses vacances en Angleterre ? _____

7 Est-ce qu'elle habite en Chine ? _____

8 Voudrait-elle travailler en Chine ? _____

6 Préparez des réponses à ces questions.

● Que penses-tu des sciences ? Pourquoi ?

_____

● Tu aimes l'anglais ? Pourquoi (pas) ?

_____

● Qui est ton prof préféré ? Pourquoi ?

_____

● Quel jour d'école préfères-tu ? Pourquoi ?

_____

● Tu préfères les langues ou les maths ? Pourquoi ?

_____

7 Lisez les phrases. Recopiez les phrases et changez les mots soulignés.

1 Moi, j'aime la géo car c'est intéressant.

_____

2 Je déteste le dessin car c'est ennuyeux.

_____

3 Je n'aime pas l'allemand car c'est nul.

_____

4 Ma matière préférée c'est la technologie.

_____

Maintenant, complétez les phrases.

5 Au collège, je n'aime pas beaucoup _____ car c'est _____.

6 J'adore _____ parce que _____.

2.2 Ma vie de collégien(ne)

1   **Remplissez les blancs avec le bon mot de l'encadré.**

> matière   examens   récré   cours   petit déjeuner   cantine

1   On mange un croissant pour le _____.

2   On mange un en-cas pendant la _____.

3   On mange un repas dans la _____.

4   L'histoire est ma _____ préférée.

5   L'après-midi on a trois _____.

6   Je vais réviser pour mes _____.

2   **Conjuguez le verbe entre parenthèses au présent.**

1   Rakim _____ de faire ses devoirs. (venir)

2   Je _____ de manger un sandwich. (venir)

3   Nous _____ de prendre le bus. (venir)

4   Mes amis _____ d'aller au stade. (venir)

5   Je _____ parler au prof. (aller)

6   Nous _____ passer un bon weekend. (aller)

7   Zoé _____ aller au gymnase. (aller)

8   Elles _____ boire un chocolat chaud. (aller)

3   **Traduisez les phrases de l'exercice 2 en anglais.**

_____

_____

_____

_____

_____

_____

_____

_____

4   **Écrivez deux phrases avec *venir de* et *aller*.**

Je sors. Je viens de sortir. Je vais sortir.

1   Il mange. _____

2   Nous rentrons. _____

3   Elle dort. _____

4   Ils commencent. _____

5 Lisez le texte et remplissez les blancs en anglais.

Je vais au collège St-Jacques à Nîmes. Demain c'est la rentrée et je vais me lever de bonne heure pour aller à l'école en vélo. Je viens de passer des vacances très agréables dans les Alpes mais maintenant je dois faire mes études. Ça va être dur car j'entre en troisième et à la fin de l'année scolaire je vais passer des examens.

Nathan

Nathan will get up **1** _____ to go to school by **2** _____.
He's had **3** _____ holidays but now he has to **4** _____.
It will be **5** _____ because he's going to be in Year
6 _____ and at the end of the **7** _____ he's got
8 _____.

6 Vous décrivez votre collège. Comment pouvez-vous améliorer cette réponse ? Cochez la grille et ajoutez ce qu'il manque.

Mon collège est assez grand. Il y a mille élèves de onze à seize ans. Je vais au collège en car. Ma matière préférée, c'est la chimie parce que mon prof est super. Je déteste l'histoire. L'année prochaine, je vais aller au lycée.

3 phrases négatives	4 adjectifs	2 opinions	6 verbes au présent	1 comparatif	2 infinitif avec aller	5 connecteurs

2.3 Mes activités extra-scolaires

1 Reliez les conjonctions françaises et leurs équivalents anglais.

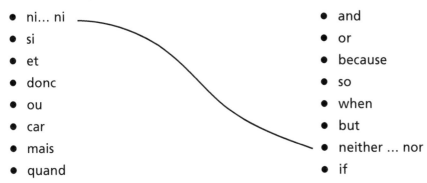

- ni... ni
- si
- et
- donc
- ou
- car
- mais
- quand

- and
- or
- because
- so
- when
- but
- neither ... nor
- if

2 Quelle activité pour chaque personne ? Écrivez le nom.

Jules : J'adore les langues. À l'école j'apprends l'anglais et l'italien mais je veux parler une autre langue aussi.

Emma : Je vais aller au bord de la mer mais je ne peux pas nager.

Naël : Je voudrais représenter ma classe au conseil d'administration.

Maya : J'aime la musique et je voudrais apprendre à jouer d'un instrument.

1

> ### Club de natation
> À la piscine, mardi, 17h

2

> ### Apprenez l'espagnol
> Parler, lire, écrire
> Tous les lundis

3

> ### Devenez délégué(e) de classe !
> **Rendez-vous 11h à la cantine**

4

> ### Cours de clarinette
> Enseignement en groupe ou individuel

3 Discutez en groupe.

- Quelles activités extra-scolaires fais-tu ?
- Quels sont les avantages et les inconvénients de ces activités ?

Utilisez des conjonctions.

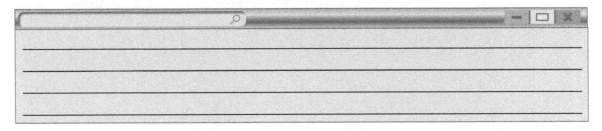

J'aime... mais... / Si je... , je... / Je fais ça car...

4 Écrivez un e-mail à un(e) correspondant(e) francophone. Décrivez les activités extra-scolaires que vous faites. N'oubliez pas de donner votre opinion.

2.4 Ma vie d'étudiant(e)

1 **Reliez les phrases (1–6) aux qualités (a–f).**

1 Je vais gagner !

2 Je suis très intelligent !

3 Je n'aime pas travailler.

4 Je vais te donner 1 000 euros.

5 Attendre deux heures ? Ce n'est pas grave.

6 J'ai peur de tout.

☐ **a** la paresse
☐ **b** la patience
☐ **c** la générosité
☐ **d** l'arrogance
☐ **e** l'optimisme
☐ **f** l'inquiétude

2 **Complétez les phrases avec *plus*, *moins*, *le plus* ou *le moins*.**

1 Dans ma famille, je suis _____ grand que mon frère, mais mon père est _____ _____ grand. (+)

2 Ma mère est _____ marrante que ma sœur, mais notre chat est _____ _____ marrant. (+)

3 Rita Ora est _____ connue que Taylor Swift. (–)

4 Je suis _____ sportif que mon cousin mais mon oncle est _____ _____ sportif. (–)

5 Charlie est _____ poli que Chantal, mais Laure est _____ _____ polie. (–)

6 L'espagnol est _____ facile que l'anglais, mais le français est la langue _____ _____ facile. (+)

3 **Lisez le blog et écrivez plus ou moins dans la grille.**

Ici au lycée, la vie est beaucoup moins stressante qu'au collège. Certes, le travail est plus dur mais on a plus de temps et les autres élèves sont plus tolérants. Le meilleur aspect c'est qu'on rencontre beaucoup de personnes gentilles et que les profs sont moins sévères. Le sport est moins important qu'au collège et l'aspect le plus positif est qu'on est indépendant. Nous avons moins de matières et plus d'ordinateurs ! On s'inquiète moins qu'au collège.

	collège	lycée
sport		
discipline		
indépendance		
anxiété		
ordinateurs		
stress	plus	moins
temps		
tolérance		
sévérité		
travail		

➜ *Grammaire: A2 and A3 Comparatives and superlatives of adjectives SB p.227*

4 Traduisez en français deux fois : masculin et féminin.

1 the most generous <u>le plus généreux, la plus généreuse</u>

2 less happy _____

3 more stupid _____

4 the least well-known _____

5 happier _____

6 better _____

7 the best _____

8 older _____

5 Lisez ces phrases. Choisissez une réponse (Choix libre ! Toutes les réponses sont correctes.) et traduisez les phrases complètes.

1 Mon frère est...

  a plus généreux   **b** plus âgé   **c** plus grand   que moi.

_____

2 Sa mère est...

  a plus petite   **b** plus grande   **c** plus mince   que moi.

_____

3 Son père est...

  a moins intelligent   **b** plus poli   **c** moins patient   que sa mère.

_____

4 Ses parents sont...

  a plus gentils   **b** moins généreux   **c** plus dynamiques   que mes parents.

_____

5 Sa sœur est...

  a plus bavarde   **b** plus paresseuse   **c** plus travailleuse   que son frère.

_____

6 Le chat de nos voisins...

  a plus féroce   **b** plus méchant   **c** plus grand   que notre chat.

_____

6 Écrivez un paragraphe pour décrire les différences entre l'école primaire et le collège. Faites des comparaisons.

_____

_____

_____

_____

_____

_____

2.5 Mon petit boulot

1 Est-ce que ces verbes sont conjugués avec *avoir* ou *être* au passé composé ?

1 commencer _____

2 aller _____

3 faire _____

4 se réveiller _____

5 se coucher _____

6 être _____

7 finir _____

8 partir _____

9 gagner _____

10 arriver _____

2 Quels verbes de l'exercice 1 sont réfléchis ? _____

3 Écrivez les phrases au passé composé.

1 Je travaille dans un café. _____

2 Je quitte la maison à sept heures. _____

3 Je vais au boulot en vélo. _____

4 Je commence à huit heures. _____

5 Je mange à midi. _____

6 Je finis à 4 heures. _____

7 Je rentre à la maison à 5 heures. _____

8 Je gagne 10 euros de l'heure. _____

4 Le boulot : positif ou négatif ? Écrivez P ou N.

1 On peut gagner de l'argent. _____

2 On est épuisé. _____

3 On est fatigué. _____

4 J'apprends beaucoup. _____

5 J'ai de bonnes relations avec mes collègues. _____

6 C'est plus intéressant que l'école. _____

7 Je n'ai pas de temps libre. _____

8 On est très stressé. _____

5 Imaginez que vous avez un petit boulot dans un supermarché. Décrivez une journée, au passé composé. Mentionnez : les heures, le travail, les trajets, l'argent.

_____

_____

_____

_____

_____

_____

_____

_____

_____

→ *Grammaire: A1, A3 and A5 The perfect tense SB p.234–235; A2 Reflexive verbs in the present tense SB p.234*

Assessment questions

6 **Parler : Jeu de rôle**

> **Vous parlez avec un(e) ami(e) francophone à propos de votre école.**
>
> **Candidat(e) :** vous-même
>
> **Professeur :** ami(e)
>
> Le/la professeur va commencer le jeu de rôle.
>
> Répondez à toutes les questions.

> **!**
>
> Each role-play will require you to ask questions, so remember to revise question words and practise using *Est-ce que... ?*

7 **Parler: Conversation**

> Répondez aux 5 questions.
>
> Le/la professeur va commencer la conversation.
>
> Répondez à toutes les questions.

8 **Écrire**

Mon école

Écrivez un e-mail à un(e) ami(e) français(e) à ce sujet.

- Quelles matières avez-vous étudié cette année ?
- Décrivez une visite scolaire que vous avez faite.
- Que pensez- vous de votre école ? Expliquez pourquoi.
- Quelles matières est-que vous n'aimez pas ? Donnez vos raisons.
- Qu'est-ce que vous allez faire l'année prochaine ?

Écrivez 130–140 mots en français.

_____
_____
_____
_____
_____
_____
_____
_____
_____
_____

3 Comment prendre bien soin de soi

3.1 Un régime sain et équilibré

1 **Écrivez** *du*, *de la*, *des* ou *de l'*.

> Pour le petit déjeuner, je mange _____ pain avec _____ beurre et _____ confiture, et je bois _____ lait. D'habitude, pour le déjeuner, je prends un sandwich avec _____ fromage et _____ tomates ou _____ salade verte. Le soir, on mange chaud, peut-être _____ viande avec _____ pommes de terre.

2 **Remplissez les blancs. Utilisez ces adverbes (en français) dans le même ordre :**

> *generally   normally   quickly   after   before*

_____ , on mange le dîner vers six heures. On prend _____ un plat et un dessert. On mange _____ parce qu'il y a beaucoup de devoirs à faire _____ le repas et _____ d'aller au lit.

3 **Écrivez des réponses aux questions suivantes.**

- À quelle heure est-ce que tu prends le petit déjeuner ?

- Tu penses que manger bien le matin est important ? Pourquoi (pas) ?

- Qu'est-ce que tu manges normalement pour le déjeuner les jours d'école ?

- C'est différent le weekend ? Pourquoi (pas) ?

- Grignoter, c'est un problème, à ton avis ? Pourquoi (pas) ?

- Est-ce que les végétariens mangent bien à ton avis ?

- Tu manges assez de fruits et de légumes ?

4 **Lisez ce texte sur un régime équilibré et remplissez les blancs. Utilisez les mots de l'encadré. Il y a des mots en trop.**

> eau   chocolat   légumes   évite   manger   mauvais
> coca   pas   boire   mange   glaces   populaire

J'essaie de **1** _____ au moins cinq fruits et cinq **2** _____ par jour. J'**3** _____ les bonbons et les gâteaux, mais je ne peux **4** _____ résister au **5** _____. Je ne bois plus de **6** _____ car c'est **7** _____ pour les dents et j'ai commencé à boire plus d'**8** _____.

→ *Grammaire: A1 Articles SB p.225; A2 Adverbs SB p.227–228*

3.2 Je suis malade !

1   **Reliez le français et l'anglais.**

1	une allergie	☐	**a**	I'm being sick
2	un rhume	☐	**b**	stomach ache
3	de la fièvre	☐	**c**	a cold
4	mal à la tête	☐	**d**	a temperature
5	mal au ventre	☐	**e**	a sore throat
6	mal à la gorge	☐	**f**	a headache
7	je vomis	☐	**g**	I'm sweating
8	je transpire	☐	**h**	an allergy

2   **C'est qui ? Écrivez le prénom.**

Chloé	**Manon**	**Camille**	**Lucas**	**Jules**
Mon nez coule et je tousse tout le temps.	Ma jambe est enflée et j'ai mal au genou.	J'ai tellement chaud que je crois que j'ai de la fièvre.	J'ai des difficultés à parler. Personne ne me comprend !	Mes yeux me grattent après avoir rendu visite à mon oncle qui a un chat. J'ai mal au cœur aussi.

1 _____ a mal au ventre.

2 _____ a une allergie.

3 _____ a un rhume.

4 _____ s'est fait mal en jouant au foot.

5 _____ a mal à la gorge.

6 _____ a la grippe.

3   **Reliez les problèmes et les solutions.**

1   J'ai marché sur un bout de verre à la plage et je me suis coupé le pied. Je ne sais pas quoi faire.   ☐

2   J'ai mal aux dents. C'est épouvantable car je ne peux pas dormir.   ☐

3   J'ai mal à la tête depuis deux jours parce que la musique que j'ai écoutée était trop forte.   ☐

4   J'ai de la fièvre et je transpire trop.   ☐

5   Je tousse sans interruption depuis plusieurs jours. C'est affreux !   ☐

a   Allez à l'hôpital immédiatement.

b   Allez à la pharmacie pour acheter du paracétemol.

c   Je vous conseille de boire beaucoup d'eau et d'aller vous coucher.

d   Il faut aller chez le dentiste.

e   Prenez ce sirop, cela vous aidera.

4   **Improvisez une conversation avec votre médecin. Votre partenaire jouera le rôle du médecin.**

- Bonjour. Quel est votre problème ?
- Depuis quand ?
- Prenez ces comprimés.
- Deux comprimés, trois fois par jour.

- [Donnez les symptômes.]
- [Expliquez depuis quand.]
- [Combien et quand ?]

5 Écrivez la bonne forme du verbe *avoir*.

1 J'_____ mal aux yeux.

2 Mes parents _____ froid en hiver.

3 _____ vous soif ?

4 Annick _____ mal à la tête.

5 Je dois me coucher mais je n'_____ pas sommeil.

6 Tu n'es pas malade ? Tu _____ de la chance !

7 Ouvrez la fenêtre. Nous _____ chaud.

8 Oscar ne veut pas aller chez le médecin parce qu'il _____ peur.

6 Traduisez les phrases de l'exercice 5 en anglais.

_____

_____

_____

_____

_____

_____

_____

_____

7 Complétez les phrases. Utilisez les mots de l'encadré. Il y a des mots en trop.

enrhumé   tête   la fièvre   l'estomac   chiens   gorge   le ventre   nez

1 J'ai mal à la _____ et j'ai mal à la _____ car j'ai la grippe.

2 J'ai chaud. Je crois que j'ai de _____ .

3 Je suis allergique aux _____.

4 J'ai trop mangé, alors j'ai mal à _____.

5 Je suis _____, alors j'ai mal au nez.

8 Lisez l'e-mail de Claire et choisissez la bonne option pour compléter les phrases.

Chère Sandrine,

Excuse-moi de n'avoir pas téléphoné hier. J'ai eu un accident. Je rentrais à la maison en vélo et il y avait un trou dans la rue. Je suis tombée de mon vélo et je me suis cassée le bras ! Un passant a appelé l'hôpital et une ambulance est arrivée après quelques minutes. Maintenant je suis à la maison mais mon bras me fait toujours mal.
Claire

1 Claire **a téléphoné / a une maladie / a eu un accident**.

2 Elle allait **à la maison / à l'école / à l'hôpital**.

3 Elle s'est cassée **la jambe / le bras / le nez**.

4 **Claire / Sandrine / Une autre personne** a téléphoné à l'hôpital.

5 L'ambulance est arrivée **rapidement / pas très rapidement / trop tard**.

6 Claire est toujours **dans la rue / à l'hôpital / chez elle**.

→ *Grammaire: A5 and A6 Use of avoir SB p.233*

3.3 Restons actifs !

1 Reliez le français et l'anglais.

1 se coucher	☐	**a** to concentrate
2 fatigué(e)	☐	**b** tired
3 en forme	☐	**c** to follow
4 suivre	☐	**d** sugary drinks
5 se réveiller	☐	**e** to wake up
6 boire	☐	**f** to go to bed
7 boissons sucrées	☐	**g** fit
8 se concentrer	☐	**h** to drink

2 C'est qui ? Camille ou Rémi ?

Camille

Quand j'étais jeune, j'étais assez sportive et j'essayais de rester toujours en forme. Je me couchais à neuf heures et je faisais beaucoup de sport. Je jouais au tennis de table au collège pendant la récréation et je rentrais à la maison en vélo. Comme ça, j'avais beaucoup d'énergie.

Rémi

Hélas, moi, je buvais trop de limonade et de coca. Le soir, j'aimais bien faire des jeux vidéo sur mon portable jusqu'à minuit. Je n'avais pas de temps pour faire du sport parce que j'avais trop de devoirs. J'étais toujours fatigué et mes notes au collège étaient mauvaises.

1 Qui n'était pas sportif ? _____

2 Qui allait au lit trop tard ? _____

3 Qui se couchait de bonne heure ? _____

4 Qui devait travailler pour l'école ? _____

5 Qui était en forme ? _____

6 Qui buvait trop de boissons sucrées ? _____

7 Qui était très énergique ? _____

8 Qui ne prenait pas le bus pour rentrer à la maison ? _____

3 Écrivez un paragraphe pour décrire votre mode de vie. Mentionnez :

- ce que vous mangez et buvez
- vos préférences sportives
- si vous êtes en forme et pourquoi

_____
_____
_____
_____
_____
_____
_____

4 Réécrivez les phrases en utilisant l'imparfait.

1 Il fait mauvais. _____

2 Je mange trop de bonbons. _____

3 Les jeux vidéo n'existent pas. _____

4 Mon grand-père n'a pas de portable. _____

5 Je joue souvent au volley. _____

6 Maman fait du yoga. _____

7 Elle est végétarienne. _____

8 Avez-vous un vélo électrique ? _____

5 Cette personne est maintenant très saine. Complétez les phrases avec vos suggestions. Utilisez l'imparfait.

1 Maintenant je suis très sportif, mais quand j'étais plus jeune, _____ .
_____

2 Maintenant je mange bien, mais quand j'étais plus jeune, _____ .
_____

3 Maintenant je ne joue pas souvent sur ma tablette, mais quand j'étais plus jeune, _____ .
_____

4 Maintenant je dors huit heures par nuit, mais quand j'étais plus jeune, _____ .
_____

6 Lisez ces phrases sur la forme.

Sandrine : Je ne prends jamais l'ascenseur au centre commercial.

Fatima : Moi, je regardais beaucoup de sport à la télé, mais maintenant je pratique plus de sport moi-même.

Paul : Moi, je fais du footing tous les jours afin d'être en meilleure forme.

Nathan : Je vais partout à pied ou en vélo au lieu de voyager en bus ou en train.

Suzanne : Je vais à la gym trois fois par semaine avec mes copains.

Jean-Patrick : Moi, je fais beaucoup de natation au centre sportif. C'est bon pour la forme.

Qui...

1 fait de l'exercice physique chaque jour ? _____

2 n'utilise jamais les transports en commun ? _____

3 utilise l'escalier quand elle fait les magasins ? _____

4 s'entraîne avec ses amis ? _____

5 nage souvent ? _____

6 a changé ses habitudes ? _____

7 Écrivez un paragraphe sur votre vie active.

Mentionnez:

- ce que vous faites maintenant
- ce que vous faisiez quand vous étiez plus jeune

3.4 Un mode de vie sain

1 **Reliez les adjectifs indéfinis français à leurs équivalents anglais.**

1	chaque	☐	**a**	same
2	même	☐	**b**	all
3	plusieurs	☐	**c**	other
4	pareil	☐	**d**	each
5	quelques	☐	**e**	the same
6	autre	☐	**f**	whichever
7	tous	☐	**g**	several
8	n'importe quel	☐	**h**	a few

2 **Complétez les phrases avec l'un des adjectifs indéfinis de l'exercice 1.**

1 J'ai _____ films sur ma tablette. (*several*)

2 _____ film est assez intéressant. (*each*)

3 J'ai vu le _____ film deux fois ! (*same*)

4 Je n'ai pas vu _____ les films. (*all*)

5 Mon frère a une _____ tablette. (*other*)

6 Il préfère _____ les comédies américaines. (*all*)

3 **Remplissez les blancs avec *ce*, *cette*, *cet* ou *ces*.**

1 _____ article est barbant.

2 _____ portable n'est pas actuel.

3 _____ tablette est en panne.

4 Je trouve _____ devoirs très difficiles.

5 _____ centre sportif est trop cher.

6 Le rayon des jeux est à _____ étage.

7 Je n'achète jamais _____ produits.

8 _____ musique est affreuse !

4 **Lisez le passage et répondez par vrai (V), faux (F) or pas mentionné (PM).**

Ma journée typique
Pendant les vacances je n'ai pas de devoirs à faire, alors d'habitude je reste au lit jusqu'à dix heures. Comme ça je peux jouer aux jeux vidéo, je peux chatter avec mes copains en ligne et je passe du temps sur les réseaux sociaux. Mais je m'occupe de ma santé aussi ! Quand je me lève, je vais au centre sportif pour nager ou jouer au basket. Je sais qu'il y a des problèmes d'obésité parmi les jeunes et je ne veux pas être comme ça. **Aldo**

1 Aldo est assez sportif. _____

2 Il a un problème d'obésité. _____

3 Il joue sur son portable au lit. _____

4 Il se lève de bonne heure pendant les vacances. _____

5 Ses amis font du sport aussi. _____

6 Ses amis sont aussi au lit. _____

7 Aldo aime faire de la natation. _____

8 Il fait beaucoup de devoirs pendant les vacances. _____

5 Voici l'avis d'Élise, la tante d'Aldo. Lisez le texte et remplissez les blancs.

> Quand j'étais plus jeune, Internet n'existait pas. On faisait plein d'activités chaque jour, telles que des promenades ou des parties de ping-pong. Je trouve que les jeunes d'aujourd'hui veulent tout avoir, tout de suite. Et avec leur ordinateur, c'est bien possible : on peut faire les courses, on peut jouer, on peut écouter de la musique et faire des recherches pour l'école sans bouger de chez soi ! Ce n'est certainement pas bon pour leur santé. **Élise**

1   Il n'y avait pas _____ quand tante Élise était jeune.
2   Elle faisait du sport _____ les jours.
3   Elle jouait souvent au tennis de _____.
4   On peut _____ beaucoup de produits en ligne.
5   Avec l'ordinateur on peut jouer à des _____ vidéo.
6   Il n'est pas étonnant qu'il y ait un problème d'_____.

6 Lisez le blog de Julien Maurice, un jeune Marocain. Écrivez et donnez des conseils pour un mode de vie plus équilibré.

> Je sais que je ne suis pas en bonne forme. Je mange trop de sucreries, je ne bois que des boissons gazeuses et je ne suis pas très actif. Mon père m'emmène au collège en voiture presque tous les jours, mais j'habite seulement à un kilomètre de mon école. Quand j'étais petit, je faisais beaucoup de sport, je jouais au hand deux fois par semaine, j'allais souvent à la piscine et je faisais du judo, mais maintenant, j'ai trop de travail scolaire à faire.

_____
_____
_____
_____
_____
_____

7 Lisez l'e-mail de Karine. Encerclez 5 verbes à l'imparfait, 5 activités physiques et rayez 3 mauvaises habitudes.

> Je ne suis pas en bonne forme mais, récemment, j'ai essayé d'améliorer ma santé. Il y a six ans, je (faisais) du kayak quatre fois par semaine et j'étais en forme. Je jouais au basket à l'école et le soir, je nageais ou j'allais à la patinoire, mais maintenant je passe trop de temps devant un écran, soit la télé, soit l'ordi. De plus, je mange des bonbons et je bois trop de café. Le mois dernier j'ai commencé à faire du footing et j'ai décidé de boire plus de lait et d'eau. J'espère être bientôt en meilleure forme !

→ *Grammaire: A7 The imperfect tense p.234*

3.5 Ma vie d'adolescent(e)

1 **Reliez les opinions avec leurs équivalents anglais.**

1 parce que	☐	**a**	essential
2 car	☐	**b**	as far as I'm concerned
3 essentiel	☐	**c**	I think that
4 selon moi	☐	**d**	as
5 à mon avis	☐	**e**	in my opinion
6 je pense que	☐	**f**	because

2 **Lisez les problèmes et écrivez le bon prénom.**

Emma : Je passe trop de temps sur Facebook et mes parents sont fâchés car je regarde toujours mon portable.

Gabriel : Mes parents ne s'entendent pas bien et se disputent chaque soir.

Louise : J'ai peur que mes copines se moquent de moi quand je ne suis pas là. C'est affreux.

Léon : Je n'ai pas envie de faire le ménage parce que j'ai d'autres choses à faire.

Jude : J'ai reçu des messages méchants sur mon portable. Cela me rend très inquiète.

Hugo : Les travaux scolaires sont très stressants et j'ai des difficultés à les compléter.

1 _____ n'aime pas les devoirs.

2 _____ ne veut pas ranger sa chambre.

3 _____ ne s'entend pas toujours bien avec ses amies.

4 _____ est souvent sur un réseau social.

5 _____ a lu des SMS négatifs.

6 _____ croît que maman et papa ont des problèmes.

3 **Écrivez le participe présent de chaque verbe.**

passer l'aspirateur – en passant l'aspirateur

1 aller aux magasins

_____

2 lire le journal

_____

3 surfer sur un site web

_____

4 comprendre l'espagnol

_____

5 suivre la route

_____

4 **Reliez les débuts et les fins de phrase. Ensuite, traduisez les phrases en anglais.**

1 Mon emploi du temps...	☐	**a**	... si j'ai de mauvaises notes.
2 J'ai trop...	☐	**b**	... est surchargé.
3 Ma mère me critique...	☐	**c**	... sont trop sévères.
4 Je ne suis pas...	☐	**d**	... doué en maths.
5 Mes profs...	☐	**e**	... de devoirs à faire.

5 Parler : Jeu de rôle

> **Vous êtes malade et vous allez voir votre médecin.**
>
> **Candidat(e) :** vous-même
>
> **Professeur :** médecin
>
> Le/la professeur va commencer le jeu de rôle.
>
> Répondez à toutes les questions.

6 Parler : Conversation

> Répondez aux 5 questions.
>
> Le/la professeur va commencer la conversation.
>
> Répondez à toutes les questions.

7 Écrire

Un mode de vie sain

- Décrivez ce que vous faites comme exercice physique.
- Qu'est-ce qu'il faut manger pour être en bonne santé ?
- Qu'est-ce que vous aimez boire ?
- Qu'est-ce que vous avez fait récemment afin de rester en forme ?

Écrivez environ 80–90 mots en français.

_____
_____
_____
_____
_____
_____
_____
_____
_____
_____
_____

Always remember to include your opinions about the topic you are talking or writing about.

4.1 On sort ?

1 **Remplissez les blancs avec un mot de l'encadré.**

1 On va à la _____ pour nager dans la mer.

2 Nous nous _____ au café.

3 J'aide mes parents dans le _____.

4 Je _____ le weekend chez mes cousins.

5 C'est impossible parce que j'ai un _____ de tennis.

6 On va à la _____ pour nager à l'intérieur.

> retrouvons   match   plage
> jardin   passe   piscine

2 **Traduisez les phrases en anglais.**

1 Nous nous retrouverons devant la patinoire à midi. _____

2 Nous irons au bord de la mer vendredi prochain. _____

3 Je vais aller en ville avec quelques copains demain matin. _____

4 Mes parents iront à la montagne ce weekend. _____

5 Elle va faire du vélo avec ses amies plus tard. _____

3 **Remplissez les blancs avec le bon verbe.**

1 Nous _____ aller à la campagne. (*want*)

2 On _____ jouer aux boules ici. (*can*)

3 Je _____ garder mon petit frère. (*must*)

4 Ma mère ne _____ pas nager. (*can*)

5 Je ne _____ pas aller à la plage. (*want*)

6 Nous _____ rester à la maison ce soir. (*must*)

7 Est-ce que tu _____ aller au café ? (*want*)

8 Il ne _____ pas aller au parc. (*can*)

4 **Remplissez les blancs avec les mots de l'encadré. Il y a des mots en trop.**

> jouer   faire   regarder   allez   allons   retrouver   sommes   midi
> tard   puis   prendrons   famille

Demain je vais **1** _____ mes copains au centre ville à **2** _____.
Nous **3** _____ faire les magasins, puis nous allons **4** _____ un film
au ciné. Plus **5** _____, nous **6** _____ un repas ensemble. Le soir, je
vais **7** _____ aux cartes avec ma **8** _____.

5 **Écrivez un e-mail sur vos plans pour le weekend. Mentionnez :**

- ce que vous voulez faire, où et quand
- ce que vous ne pouvez pas faire
- ce que vous devez faire

4.2 Un weekend dans ma ville

1 **Remplissez les blancs avec un mot de l'encadré.**

1 Je voudrais quatre _____ pour ce soir.

2 Oui, pour quelle _____ ?

3 La séance de huit _____.

4 Vous payerez _____ ?

5 En _____. Voilà.

6 Cela fait vingt _____, s'il vous plaît.

> séance   comment   heures
>
> places   euros   espèces

2 **Avec votre partenaire, faites une conversation comme celle de l'exercice 1. Changez l'heure et le prix.**

3 **Lisez la brochure et soulignez les verbes au futur.**

Vous allez visiter Les Sables-d'Olonne ? Vous passerez des journées très agréables ! Voilà ce que vous pourrez faire.

Vous irez sur nos belles plages sableuses. Vous pourrez nager dans la mer, qui n'est pas dangereuse. Vous visiterez le zoo et vous ferez de la planche à voile.

Le soir, vous mangerez dans un de nos restaurants renommés pour les fruits de mer, et après, vous verrez un bon film au cinéma, puis vous danserez dans une boîte de nuit chic !

4 **Relisez le texte de l'exercice 3 et notez, en anglais, ce qu'on fera aux Sables-d'Olonne.**

_____   _____
_____   _____
_____   _____
_____   _____

5 **Réécrivez le texte de l'exercice 3 utilisant le pronom « je ».**

_____
_____
_____
_____
_____
_____
_____
_____

→ *Grammaire: A3 The future tense SB p.236*

6 **Réécrivez les verbes au futur.**

1 elle passe _____

2 je trouve _____

3 nous faisons _____

4 tu as _____

5 je suis _____

6 il vient _____

7 nous mangeons _____

8 j'arrive _____

9 vous jouez _____

10 elles viennent _____

7 **Prenez vos réponses de l'exercice 6 et écrivez des phrases complètes que vous inventerez.**

Elle passera une soirée agréable chez ses grands-parents.

_____

_____

_____

_____

_____

_____

_____

_____

_____

_____

8 **Vous avez des projets intéressants pour le weekend prochain. Écrivez un paragraphe sur vos intentions. Utilisez le futur.**

_____

_____

_____

_____

_____

_____

_____

_____

→ *Grammaire: A6 The future tense SB p.236*

4.3 On va dîner en ville ?

1 **Reliez les mots français à leurs équivalents anglais.**

1	pâtes	☐	**a**	sweet pancake
2	crêpe	☐	**b**	couscous
3	frites	☐	**c**	mussels
4	gaufre	☐	**d**	pizza
5	pizza	☐	**e**	chips
6	nouilles	☐	**f**	waffle
7	fruits de mer	☐	**g**	seafood
8	couscous	☐	**h**	savoury pancake
9	moules	☐	**i**	noodles
10	galette	☐	**j**	pasta

2 **Lisez les définitions et écrivez le mot français.**

1 Une sorte de crêpe, mais salée, pas sucrée. _____

2 Comme les spaghettis, par exemple (en Italie). _____

3 Comme les spaghettis, mais asiatique. _____

4 Comme le riz (marocain). _____

5 Spécialité italienne, aussi adorée en France. _____

6 On les mange souvent avec un hamburger. _____

7 Fruits de mer à la coque noire. _____

8 On les mange souvent en Belgique. _____

3 **Lisez la description et remplissez les blancs en anglais.**

> **Le couscous**
>
> À Paris on trouve beaucoup de restaurants marocains avec leur spécialité de couscous. C'est de la semoule. On la mange avec du poulet, de la viande et de la sauce piquante avec des légumes. Les Parisiens l'adorent.

Couscous comes from _____ and is made from _____.

You can eat it with _____, _____ and spicy _____ with African _____. _____ love it.

4 Lisez l'opinion de Chloë et écrivez vrai (V), faux (F) ou pas mentionné (PM).

> **Chloë** : L'image française d'une rue avec des petits bistros et des crêperies n'est plus typique. Ils existent naturellement, mais en France, comme au Canada et la plupart des pays du monde, il y a beaucoup de chaînes multinationales. On les voit dans chaque ville : Starbucks, McDo, Burger King, etc. Moi, je ne les aime pas parce que les repas et les snacks ne sont pas bons pour la santé des jeunes. Mais c'est le « progrès ». Je préfère la nourriture exotique : le couscous marocain, le riz chinois ou le curry indien. Je les mange avec beaucoup de plaisir.

1 Il n'y a plus de crêperies en France. _____

2 Il y a beaucoup de pays qui n'ont pas de chaînes. _____

3 Chloë adore le fast-food. _____

4 Les burgers ne sont pas bons pour la santé. _____

5 Chloë aime les fruits de mer. _____

6 Elle adore les pâtes italiennes. _____

5 Ajoutez le bon pronom.

1 Mon sandwich ? Je _____ ai oublié.

2 Mon café ? J'ai oublié de _____ boire.

3 Mes bagages ? On me _____ a volés à l'aéroport.

4 Où est ma fourchette ? Je _____ ai perdue.

5 Les céréales ? J'_____ mange tous les jours.

6 La fenêtre ? On _____ a ouverte avant de partir au travail.

6 Reliez les débuts et les fins de phrase et traduisez-les.

1 J'aime bien... ☐   **a** vont dîner en ville ce soir.

2 Mes copains... ☐   **b** repas délicieux hier.

3 La cuisine italienne... ☐   **c** manger des pâtes.

4 J'ai pris un... ☐   **d** sont pas bonnes pour la santé.

5 Les frites ne... ☐   **e** aimes manger des chips ?

6 Est-ce que tu... ☐   **f** me plaît beaucoup.

7 Écrivez un paragraphe sur les restaurants et les plats que vous aimez ou n'aimez pas. Mentionnez :

- les sortes de nourriture
- les chaînes de fast-food
- vos raisons

_____

_____

_____

_____

_____

_____

4.4 Les réunions familiales

1 Lisez l'e-mail de Luc et choisissez a, b ou c pour compléter les phrases.

La semaine dernière, ma famille a organisé une fête pour célébrer l'anniversaire de mon grand-père chez nous. Ma mère a invité toute la famille et mon père a préparé beaucoup de nourriture délicieuse.

On a dansé et on a écouté de la musique des années 1960 et ma tante a trouvé la chanson favorite de mon grand-père, qui a commencé à chanter à haute voix. Tout le monde a ri car il ne sait pas chanter !

1 La fête s'est passée… **a** hier. **b** l'année dernière. **c** il y a une semaine.

2 On l'a célébrée… **a** chez Luc. **b** dans la maison des grands-parents de Luc.
c dans un hôtel.

3 Le père de Luc… **a** a chanté. **b** a fait la cuisine. **c** a écrit les invitations.

4 Tout le monde a trouvé la voix du grand-père de Luc… **a** amusante. **b** intéressante.
c super.

2 Remplissez les blancs avec *lui* ou *leur*.

1 Je _____ ai donné un cadeau. (à Alice)

2 Montrez _____ votre portable. (à Amir et Raphaël)

3 Je _____ dis « au revoir ». (à Naima)

4 Je _____ téléphone tous les jours. (à mes parents)

5 Marcel _____ a dit « bonjour ». (à son fils)

6 Gina _____ a montré sa nouvelle bague. (à ses amies)

3 Lisez le texte et reliez les débuts et les fins de phrase.

On s'est rassemblés pour célébrer l'anniversaire de ma grand-mère Carole. Elle a soixante-dix-neuf ans. On lui a donné une carte signée par tous les membres de la famille – vingt-deux personnes en tout ! La fête était super et nous lui avons cuisiné son gâteau préféré, et c'est ma mère qui l'avait fait !

1 Ma grand-mère s'appelle…   **a** … une carte.

2 Elle a…   **b** … Carole.

3 Il y a 22 personnes…   **c** … 79 ans.

4 On a signé…   **d** … dans la famille.

5 Grand-mère a mangé…   **e** … par ma mère.

6 Le gâteau a été cuit…   **f** … un gâteau.

4 Écrivez la forme impérative du verbe.

1 _____-moi mes bonbons. (à un(e) ami(e)) *donner*

2 _____-moi votre passeport. (à une personne inconnue) *montrer*

3 _____-toi. (à un(e) ami(e)) *asseoir*

4 _____ tout droit. (à une personne inconnue) *aller*

5 _____ moi ! (à une personne inconnue) *aider*

→ *Grammaire: A2 Object pronouns SB p.229; A4 The imperative SB p.233–234*

4.5 On fête mon anniversaire !

1 **Complétez les phrases avec un mot de l'encadré.**

| allez appelez prie appelle vas invitation |

1 Comment _____-tu ?

2 Je vous en _____.

3 Comment vous-_____ vous ?

4 Je m'_____ Christine.

5 Merci pour l'_____.

6 Comment _____-vous ?

2 **Traduisez les phrases en anglais.**

1 Je vais passer une semaine chez mon correspondant belge.

_____

2 Je serai content de le rencontrer.

_____

3 Sa maison se trouve dans un quartier chic de Bruxelles.

_____

4 Je vais m'amuser bien là-bas.

_____

3 **Lisez le texte et remplissez les blancs en anglais.**

> Je suis arrivée à la maison de ma nouvelle amie française et j'étais très nerveuse, car je ne parle pas bien français. La mère m'a dit « Bienvenue chez nous » et j'ai répondu « Enchantée » et elle a souri. Mais ensuite elle a demandé « Comment vas-tu ? » et j'ai répondu « Je prends le train ». C'était très pénible mais personne n'a rigolé. J'aurais dû répondre « Ça va bien, merci ». Je sais ça maintenant !

When I got to my _____ _____ _____ house, I was _____ because I don't speak _____ _____. The mother said '_____ _____ _____ _____' and I replied' _____ _____ _____ _____' and she _____ . But then she asked '_____ _____ _____ and I replied '_____ _____ _____ _____'. That was _____ ! I should have replied '_____ _____, _____ _____.'

4 **Écrivez le bon pronom démonstratif.**

1 Tu veux un éclair ? Oui, je prends _____. (*this one*)

2 Ton vélo, c'est lequel ? C'est _____. (*that one*)

3 Vous voulez des fraises ? Oui, je veux _____. (*those ones*)

4 Votre voiture, c'est laquelle ? C'est _____. (*that one*)

5 Quel T-shirt préfères-tu ? Je préfère _____. (*this one*)

6 Il faut prendre quelle rue ? _____. (*that one*)

5 **Imaginez que vous allez passer une semaine chez un copain/une copine à l'étranger. Écrivez un e-mail à votre ami(e). Mentionnez :**

- où vous allez
- vos sentiments
- ce que vous voulez faire pendant la semaine et pourquoi

_____
_____
_____
_____
_____
_____

6 **Lisez ce texte sur les visites à l'étranger et répondez aux questions en français.**

Si vous allez passer du temps chez un(e) correspondant(e) francophone, vous pouvez apporter un petit cadeau pour ses parents, peut-être des cartes postales de votre région. Essayez d'être poli(e) tout le temps mais aussi amical(e) et surtout il ne faut pas être trop timide !

Pour dire merci à la fin de votre visite, achetez des fleurs ou des chocolats pour montrer votre appréciation de l'hospitalité.

1 Qu'est-ce qu'on peut apporter comme cadeau quand on arrive chez son/sa correspondant(e) ?

_____

2 Comment est-ce qu'on doit se comporter pendant la visite ? (3 détails)

_____
_____
_____

3 Que peut-on laisser comme cadeau à la fin de la visite ? (2 détails)

_____
_____

→ *Grammaire: A4 Demonstrative pronouns SB p.230*

Assessment questions

7 Parler : Jeu de rôle

> **Vous discutez de vos projets pour le weekend avec votre ami(e).**
>
> **Candidat(e) :** vous-même
>
> **Professeur :** amie(e)
>
> Le/la professeur va commencer le jeu de rôle.
>
> Répondez à toutes les questions.

8 Parler: Conversation

> Répondez aux 5 questions.
>
> Le/la professeur va commencer la conversation.
>
> Répondez à toutes les questions.

9 Écrire

Vous allez fêter votre anniversaire.

Complétez la liste **en français**.

Invités	Sam, Audrey et Frank
Heure d'arrivée	
Parfum du gâteau	
Boisson	
Activités (2 détails)	

If the topics you have to write about imply that you should use past or future verb tenses, make sure you do!

5.1 Le temps des loisirs

1 Lisez les phrases et écrivez présent (P) ou passé composé (PC).

1 Je joue de la guitare. _____

2 J'ai dansé au club des jeunes. _____

3 On est allés en ville. _____

4 Hector a fini son repas. _____

5 Je fais du patinage sur glace. _____

6 Camille fait souvent du cyclisme. _____

2 Lisez le texte. C'est Rhashan ou sa sœur, Jamila ?

Rhashan

Ma famille est très active mais on a plein d'intérêts différents. Moi, par exemple, je suis assez sportif mais je ne m'intéresse pas du tout à la musique. Ça veut dire que je passe le weekend au centre sportif où je joue au hockey ou au tennis. Samedi dernier, j'ai fait plusieurs kilomètres de footing. Ma sœur Jamila, par contre, est fan de musique pop. Elle essaie de jouer du piano mais sans beaucoup de succès. Au mois de mai, elle est allée à Bordeaux pour voir la rappeuse Keny Arkana en concert.

1 _____ a couru.

2 _____ adore la musique.

3 _____ fait du sport.

4 _____ joue d'un instrument, mais pas très bien !

5 _____ a écouté du rap.

6 _____ n'est pas fan de musique.

3 Relisez le texte de l'exercice 2. Trouvez:

3 verbes au présent _____ _____ _____

2 verbes au passé composé _____ _____

4 Conjuguez les verbes au passé composé.

Céline et Manon __*sont*__ __*allées*__ à la Martinique en vacances. Les plages étaient belles et les copines _____ _____ (nager) et _____ _____ (jouer) au volley sous le soleil. Un jour, elles _____ _____ (avoir) de la chance et elles _____ _____ (faire) de la voile avec leur grand-père. Elles _____ _____ (passer) leurs soirées chez leurs grands-parents, où elles _____ _____ (jouer) aux cartes et _____ _____ (lire) leur roman préféré.

→ Grammaire: A1 and A3 The present tense SB p.232–233 and The perfect tense SB p.234–235; A4 The perfect tense SB p.234–235

5 Lisez les deux réponses à la question : Que fais-tu pendant ton temps libre ? Quelle est la meilleure réponse ? Pourquoi ?

Text A

J'aime jouer au foot tous les weekends et je fais du vélo aussi avec mon frère. Nous allons à la campagne et nous passons des heures à vélo. J'aime aussi regarder la télé et je préfère les émissions de télé-réalité.

Le weekend dernier je suis allé au cinéma avec mes copains et j'ai aimé le film que nous avons vu.

Text B

Ma passion, c'est le foot car je suis très actif/active, mais j'aime aussi faire du vélo avec mon frère cadet qui s'appelle Paul, surtout quand on va à la campagne parce que j'adore être en plein air. Néanmoins, je regarde souvent la télé et mon genre d'émission préférée c'est la télé-réalité puisque c'est intéressant.

Le weekend dernier mes copains et moi sommes allés au ciné où nous avons vu un film marrant que j'ai vraiment apprécié.

6 Traduisez les phrases en anglais.

1 Carl a joué au badminton. _____

2 Je fais du patinage sur glace. _____

3 Je suis allé à Bruxelles. _____

4 Manon joue du violon. _____

5 Je mange des céréales. _____

6 Inès a mangé un croissant. _____

7 Lisez ces opinions sur le temps libre. C'est qui ?

Je suis allé à la patinoire hier et c'était extra !

Max

Je vais passer cet après-midi au centre commercial et j'adore ça.

Fabienne

Mon passe-temps préféré ? La natation sans doute.

Ayana

Rolf

J'ai essayé la planche à voile pour la première fois samedi dernier.

Moi, je joue de la batterie deux fois par semaine

Pauline

Mohammed

Ce qui me passionne c'est le VTT.

Demain, je vais faire du cheval pour la première fois.

Sunita

Luc

Moi, j'adore faire du karaté.

1 Récemment j'ai pratiqué un nouveau sport. _____

2 J'ai fait du patin sur glace. _____

3 Je vais souvent à la piscine. _____

4 J'aime bien faire du vélo. _____

5 J'aime les arts martiaux. _____

6 Je vais bientôt essayer quelque chose de nouveau. _____

7 Faire les magasins, c'est super. _____

8 Je fais régulièrement de la musique. _____

5.2 Le shopping – en magasin ou sur Internet ?

1 Soupe de lettres ! Identifiez les vêtements et ajoutez le bon article (*un*, *une* ou *des*).

1 nltaopna _____

2 euosmct _____

3 serusachus _____

4 shaecustset _____

5 bore _____

6 naej _____

7 rcpéhae _____

2 Complétez les phrases.

1 Le weekend j'adore porter _____ car
_____.

2 Quand je sors avec mes amis je mets _____
_____.

3 Récemment j'ai acheté _____ comme vêtements.

4 Je n'achète jamais _____ parce que/qu'
_____.

3 Reliez les mots français aux équivalents anglais.

- où ?
- qui ?
- combien ?
- pourquoi ?
- depuis quand ?
- quand ?
- à quelle heure ?
- comment ?

- how?
- who?
- since when?
- at what time?
- where?
- why?
- when?
- how much?

4 Quelle question va avec quelle réponse ?

1 Où habites-tu ? ☐   **a** Très bien merci !

2 Comment ça va ? ☐   **b** C'est mon oncle.

3 Tu habites ici depuis quand ? ☐   **c** Ça fait cinq euros.

4 À quelle heure commence le match ? ☐   **d** Parce qu'il a faim.

5 Pourquoi est-ce que Loïc mange des frites ? ☐   **e** Depuis trois ans.

6 C'est combien ? ☐   **f** Hier.

7 Qui est ce monsieur ? ☐   **g** Il commence à six heures et demie.

8 Quand êtes-vous arrivés ? ☐   **h** À Marseille.

   → Grammaire: A3 and A4 Other uses of adverbs SB p.228

5 Lisez ces opinions sur les courses en ligne. C'est positif (P), négatif (N) ou positif et négatif (P+N) ?

1 On ne peut pas essayer les vêtements en ligne. _____

2 Les articles sont souvent moins chers sur Internet. _____

3 Il n'est pas nécessaire de quitter sa maison mais on ne voit pas ce qu'on achète quand on fait des achats en ligne. _____

4 Les produits sont livrés directement chez soi quand on achète sur Internet. _____

5 Il y a plus de choix en ligne. Cependant, on n'a pas de contact humain, ce que j'aime bien. _____

6 Lisez le texte et écrivez vrai (V) ou faux (F). Corrigez les phrases qui sont fausses.

Le shopping sur Internet: pour ou contre ?

Aller en ville pour faire du shopping, ce n'est pas pratique aujourd'hui pour beaucoup de personnes qui mènent une vie très occupée. Il faut garer la voiture, passer des heures à faire ses achats et porter des sacs lourds. Alors pourquoi ne pas commander sur Internet ? Le shopping en ligne est facile et rapide. Un jour après avoir fait la commande, les achats arrivent à la maison. Mais attendez ! Les vêtements sont souvent trop grands ou trop petits, la couleur n'est pas la même qu'on a vu sur l'écran. Et on peut voir le résultat le plus négatif dans chaque ville : des dizaines de magasins fermés et vides.

1 Le shopping en ligne est pratique. _____

2 En ville, on doit trouver un parking. _____

3 Aujourd'hui, les gens n'ont pas le temps pour aller dans les magasins. _____

4 Les sacs ne sont jamais lourds. _____

5 On achète des vêtements en ligne sans problème. _____

6 Beaucoup de magasins souffrent à cause d'Internet. _____

7 Avec votre partenaire, posez et répondez aux questions.

• Achètes-tu en ligne ?

• Qu'est-ce que tu achètes d'habitude ?

• Quels sont les inconvénients du shopping sur Internet ?

• Préfères-tu acheter tes vêtements dans un magasin ou en ligne ?

5.3 Nous sommes trop occupés !

1 Trouvez la bonne préposition.

> avant contre pour sans depuis malgré après pendant avec dans

1 in _____
2 against _____
3 since _____
4 despite _____

5 during _____
6 with _____
7 after _____
8 for _____

9 without _____
10 before _____

2 Remplissez les blancs avec la bonne préposition.

1 Je mange _____ de faire mes devoirs.

2 Je m'habille _____ avoir pris une douche.

3 On va en Corse _____ les grandes vacances.

4 Il ne faut pas parler _____ le film.

5 Lola va en ville _____ son frère.

6 Mes parents habitent à Rennes _____ 2012.

3 La chanteuse Lara Lynette décrit sa journée. Mettez les événements de sa journée dans le bon ordre (1–6).

> Je suis toujours trop occupée ! Samedi dernier, par exemple, je devais acheter une nouvelle robe pour un concert. Après ça, j'ai eu un entretien avec un journaliste parisien. Pendant l'après-midi, j'ai répété avec mon groupe de musiciens at après ça j'ai mangé avec mon manager pour parler de ma carrière. Le concert a commencé à neuf heures et a duré jusqu'à minuit !

a le spectacle ☐
b une interview ☐

c le shopping ☐
d la répétition ☐

e 24h00 ☐
f un repas ☐

4 Complétez pour vous ces phrases au sujet d'une journée occupée.

1 Hier je suis allé(e) _____ .

2 J'ai mangé _____
et j'ai bu _____ .

3 L'après-midi _____ .

4 Le soir _____ .

5 J'étais _____ .

5 Il faut préparer une réponse à la question : Qu'est-ce que tu as fait hier ? Améliorez cette réponse.

> Hier, je suis allé(e) en ville avec mon copain, Louis. J'ai acheté une chemise et des chaussures. Mon copain, Louis, a acheté un sac et un roman. L'après-midi, nous avons joué au squash au centre sportif et j'ai gagné. Le soir, j'ai joué aux cartes avec ma famille et je me suis couché(e) à onze heures.

5.4 Le monde culturel francophone

1 Lisez les informations sur les vedettes francophones. Écrivez les noms.

Lacrim est un des jeunes rappers qui est très connu en France.

Céline Dion est très populaire à Las Vegas où elle chante souvent.

L'écrivain Georges Simenon a écrit les romans policiers avec le détective Maigret.

Aïssa Maiga est une actrice qui est née au Sénégal.

Tout le monde aime Gad Elmaleh, un humoriste franco-marocain dont les films (par exemple Coco) sont très amusants.

1 a comedian _____

2 an actress _____

3 a novelist _____

4 a rapper _____

5 a singer _____

2 Lisez le texte et reliez les débuts et les fins de phrase.

MC Solaar est un rapper français qui est très connu et très populaire depuis longtemps dans les pays francophones. Il est d'origine sénégalaise mais il habite à Paris, où ses deux enfants Bonnie et Roman sont nés. Sa femme, qui s'appelle Chloé, va souvent avec lui à ses concerts. MC Solaar a inspiré beaucoup de jeunes générations de musiciens comme Passi et Booba.

1 MC Solaar est né...	☐	**a** ... Chloé.
2 Il habite...	☐	**b** ... au Sénégal.
3 Il a...	☐	**c** ... l'accompagne souvent à ses concerts.
4 Sa femme...	☐	**d** ... est plus jeune que Solaar.
5 Elle s'appelle...	☐	**e** ... à Paris.
6 Passi...	☐	**f** ... deux enfants.

3 Remplissez les blancs avec *qui*, *que*, *où* ou *dont*.

1 Voici l'auteur _____ j'ai parlé.

2 L'auteur _____ je préfère est Victor Hugo.

3 Le concert hip-hop _____ je suis allée était pénible.

4 Lara est la chanteuse _____ chantera ce soir.

5 Le film _____ tu as vu s'appelle comment ?

6 Le festival _____ j'ai vu MC Solaar s'appelle Garorock.

4 Introduisez les bons pronoms toniques.

1 Viens avec _____ ! (*me*)

2 Un cadeau pour _____ ? (*me*) Merci !

3 On va dîner chez _____. (*them*)

4 Ma copine est Julie. Je viens avec _____. (*her*)

5 Marc va chez _____. (*him*)

6 Regarde ! J'ai quelque chose pour _____. (*you, one person*)

7 Avez-vous vos devoirs avec _____ ? (*you, two people*)

8 J'ai deux sœurs. Ces chocolats sont pour _____. (*them*)

5 Joignez les deux phrases en utilisant les pronoms relatifs.

1 J'ai vu un film. Il était rigolo. (*que*)

_____

2 L'acteur a joué dans une série. Il s'appelle Roger Lecroix. (*qui*)

_____

3 L'écrivain est Émile Zola. J'ai lu le roman. (*dont*)

_____

4 La salle de concert s'appelle le Zénith. J'ai perdu mon portable. (*où*)

_____

6 Préparez une présentation sur vos goûts culturels. Utilisez au moins 10 des phrases suivantes. Si vous ne comprenez pas les phrases, cherchez-les dans un dictionnaire !

Mon genre de musique préféré c'est...

Je vais régulièrement...

Ce que j'aime, c'est...

Je lis souvent...

Quand je vais au théâtre...

Quant à la musique...

Selon moi...

Mon père aime...

Par contre...

Ce qui m'intéresse, c'est...

À mon avis...

Comme films je préfère...

À vrai dire...

Mes copains aiment mieux...

Je vais essayer...

→ *Grammaire: A4 Emphatic, disjunctive or stressed pronouns SB p.230*

5.5 Les nouvelles technologies

1 Lisez ces opinions sur l'usage d'Internet. Trouvez [✓] les quatre thèmes mentionnés.

On peut acheter des billets de train sur Internet et ça c'est pratique.	Les sondages en ligne sont très populaires.	Les réseaux sociaux sont un moyen efficace de rester en contact avec des amis.	Le cyber harcèlement devient de plus en plus commun.
J'utilise Internet afin de faire mes devoirs.	Je ne partage jamais de photos sur Internet.	Les jeunes passent trop de temps sur Internet.	Je télécharge mes chansons préférées.

1 identity theft ☐

2 bullying ☐

3 watching video clips ☐

4 keeping up to date with current affairs ☐

5 helping with school work ☐

6 doing surveys ☐

7 helping with travel ☐

8 playing games ☐

2 Lisez le texte et écrivez oui, non ou pas mentionné (PM).

Adam

Je surfe sur Internet – peut-être un peu trop ! S'il y a un problème avec le wifi, je suis inconsolable ! C'est très important de communiquer avec mes copains, et pour ça j'utilise Instagram et Snapchat. Facebook est un peu démodé, c'est plutôt pour mes parents. Je ne veux pas que mes parents regardent mes photos et mes vidéos, ça pourrait être gênant ! J'ai commencé à écrire un blog mais j'ai arrêté. C'était un peu barbant parce que je ne fais pas beaucoup de choses – je passe ma vie en ligne !

1 Est-ce qu'Adam est fan d'Internet ? _____

2 Est-ce qu'il est triste quand Internet est en panne ? _____

3 Est-ce qu'il utilise Facebook ? _____

4 Est-ce que ses parents utilisent Snapchat ? _____

5 Est-ce que ses parents postent des selfies ? _____

6 Est-ce qu'Adam écrit un blog maintenant ? _____

3 Lisez ce qu'écrit Mathilde sur son blog. Trouvez les trois phrases qui sont vraies.

1 Mathilde n'a pas de portable. ☐

2 Elle est allée en vacances récemment. ☐

3 Elle est accro à son portable. ☐

4 Elle trouve les réseaux sociaux pratiques. ☐

5 Elle déteste son prof d'histoire. ☐

6 Elle a récemment utilisé Internet pour son travail scolaire. ☐

Je ne peux plus vivre sans mon portable. J'envoie des textos, je poste des photos et je regarde souvent des vidéos. De plus, je peux suivre les activités de mes copains sur les réseaux sociaux, même quand ils sont en vacances ou à l'étranger, alors c'est vraiment utile. La semaine dernière j'ai fait des recherches sur la deuxième guerre mondiale en ligne et mon prof d'histoire m'a félicitée, car j'ai eu de bonnes notes.

4 Parler : Jeu de rôle

> **Vous êtes dans un magasin de vêtements et vous parlez avec le vendeur/la vendeuse.**
>
> **Candidat(e) :** vous-même
>
> **Professeur :** vendeur/vendeuse
>
> Le/la professeur va commencer le jeu de rôle.
>
> Répondez à toutes les questions.

5 Parler: Conversation

> Répondez aux 5 questions.
>
> Le/la professeur va commencer la conversation.
>
> Répondez à toutes les questions.

6 Écrire

Mes loisirs

- Décrivez votre passe-temps préféré.
- Qu'est-ce que vous n'aimez pas faire quand vous avez du temps libre ?
- Que pensez-vous de la technologie ?
- Quel nouveau passe-temps aimeriez-vous essayer à l'avenir ? Expliquez pourquoi.

Écrivez 80–90 mots en français.

_____
_____
_____
_____
_____
_____
_____
_____
_____
_____

6.1 Le meilleur endroit au monde

1 **Remplissez les blancs.**

1 J'adore partir en _____. (*holiday*)

2 Moi, j'aime aller au _____. (*seaside*)

3 Manu préfère aller à la _____. (*mountain*)

4 Tu veux aller _____? (*abroad*)

5 _____, c'est parfait! (*sunbathe*)

6 J'aime faire des _____. (*walks*)

7 Ma mère s'intéresse à la _____. (*culture*)

8 Mon père aime plutôt la _____. (*swimming*)

2 **Lisez le texte et remplissez les blancs en anglais.**

En été ma famille quitte Paris pour aller au bord de la mer en Bretagne. Quand j'étais plus jeune, on faisait du camping. On passait trois semaines sous une tente. Quand il faisait beau, on avait trop chaud et quand il pleuvait, toutes les affaires étaient humides. Après des années de ça on en avait marre! On s'est demandé : qu'est-ce qu'on pourrait faire pour améliorer les vacances ? La solution : on pourrait acheter une petite maison près de la plage. Et nous avons fait exactement ça !

In _____ we go to the _____. We used to spend three _____ in a _____ where it was either too _____ or too _____. We wondered what we _____. Eventually we bought a _____ _____ near the _____.

3 **Remplissez les blancs avec les mots de l'encadré.**

achèterais   visiteraient   mode   jouerait   serait   riche   voudrais   aux

Si j'étais **1** _____ j'irais en vacances **2** _____ États-Unis car je **3** _____ visiter New York. J'**4** _____ beaucoup de vêtements parce que la **5** _____, c'est ma passion. Mes parents **6** _____ la Statue de Liberté, mais mon frère **7** _____ au football américain. Tout le monde **8** _____ content.

4 **Sur une feuille ou dans votre cahier, écrivez un paragraphe sur vos vacances préférées. Utilisez au moins 10 des mots et expressions de l'encadré.**

mes vacances de rêve	je préférerais faire	je mangerais	le soir
j'aimerais bien	si je pouvais	ma mère voudrait	souvent
pourtant	on s'amuserait bien	néanmoins	on visiterait
quand	j'ai toujours voulu	je ferais	

6.2 Comment organiser des vacances

1 Reliez les expressions françaises à leur équivalent en anglais.

1	vue sur la mer	☐	**a**	four stars
2	gîte	☐	**b**	next summer
3	pension complète	☐	**c**	holiday home
4	tout compris	☐	**d**	all inclusive
5	voyage	☐	**e**	journey
6	piscine chauffée	☐	**f**	wildlife
7	la vie sauvage	☐	**g**	sea view
8	l'été prochain	☐	**h**	heated pool
9	quatre étoiles	☐	**i**	full board

2 Lisez l'e-mail de Vincent et complétez les phrases.

> Je suis très fatigué après avoir passé mes vacances au Cambodge, parce qu'il faisait très, très chaud. Nous avons pris l'avion pour aller à Phnom Penh, qui est la capitale et une ville très historique et pleine de culture. Après avoir quitté Phnom Penh, on a pris un car pour aller jusqu'à Angkor Wat, un temple très ancien et plein de secrets. Après être rentrés à l'hôtel, nous avons mangé des fruits de mer. C'était une erreur parce que j'ai eu mal au ventre après.

1 On est allés au _____.

2 La _____ était élevée.

3 La capitale s'appelle _____.

4 C'est une ville _____ et
_____

5 On est allés à Angkor Wat en _____.

6 C'était une erreur de manger des _____.

3 Relisez le texte de l'exercice 2 et notez 3 exemples de l'infinitif parfait.

_____ _____ _____

4 Remplissez les blancs avec l'infinitif parfait du verbe.

1 Après _____ _____ au musée, on a mangé dans un restaurant. (aller)

2 Nous avons acheté des souvenirs après _____ _____ le dîner. (manger)

3 Mon père espère _____ _____ une réservation pour le train. (faire)

4 Après _____ _____ à l'hôtel, on a pris une douche. (arriver)

5 Après _____ _____ la télé, nous sommes partis. (regarder)

6 Après _____ _____ mon repas, je suis allé en ville. (finir)

7 Après _____ _____ chez elle, Marie a écouté la radio. (rentrer)

8 Après _____ _____ son petit déjeuner, Michel a allumé la télévision. (prendre)

→ *Grammaire: A3 and A4 The perfect infinitive SB p.237*

5 Lisez les annonces et répondez aux questions avec a, b, c ou d.

a Camping familial à Pointe-à-Pitre. Douches chaudes, piscine chauffée, pizzeria et mini marché. Vélos à louer, salle de jeux pour les enfants.

c Louez un gîte dans notre complexe dans les Pyrénées. Quatre chambres, cuisine et grand jardin. Près des montagnes et de la campagne.

b Hôtel cinq étoiles situé près d'une baie idyllique aux Seychelles. Laissez-nous vous surprendre !

d Petit appartement au centre de Québec. 1 chambre, douche, balcon, WC. Vous pouvez atteindre les monuments les plus célèbres à pied.

Quelle annonce convient mieux à... :

1 un millionnaire ? _____

2 une famille qui n'a pas beaucoup d'argent ? _____

3 un couple qui aime la culture ? _____

4 une famille avec deux parents et deux ados ? _____

5 une famille qui aime faire des randonnées ? _____

6 des personnes qui cherchent des vacances luxueuses ? _____

7 une famille avec des enfants qui aiment nager ? _____

8 une personne qui aime les grandes villes ? _____

6 Lisez l'e-mail de Valérie sur les vacances. Trouvez et encerclez 4 connecteurs, 4 phrases négatives, 4 opinions et 4 adjectifs au féminin.

Je préfère passer mes vacances à la montagne car j'adore faire du ski et chez moi il n'y a pas souvent de neige. Je déteste aller à la plage, mais passer du temps en plein air, c'est formidable. Ma sœur aînée va souvent en Grèce, pourtant je n'aime pas y aller car il fait trop chaud et il n'y a rien à faire. Je ne suis jamais allée en Angleterre et je voudrais y aller parce qu'il y a beaucoup de belles églises et de vieilles cathédrales qui sont vraiment intéressantes.

7 Lisez ce passage sur les vacances idéales. Soulignez et traduisez tous les verbes au conditionnel.

Quant à mes vacances de rêve, j'aimerais bien aller an Australie où je pourrais voir plein d'animaux sauvages comme des kangourous. Mes copains iraient avec moi et nous passerions des vacances merveilleuses dans un hôtel cinq étoiles au bord de la mer. Naturellement, nous voyagerions dans un avion privé et nous mangerions dans des restaurants chics et chers.

_____ _____

_____ _____

_____ _____

6.3 Les vacances en famille

1 Est-ce que ces personnes sont pour (P) ou contre (C) les vacances en famille?

1 Je ne m'entends pas très bien avec mon frère. _____

2 Je me dispute souvent avec mes parents. _____

3 Nous avons les mêmes goûts. _____

4 J'adore passer du temps avec mes parents. _____

5 J'ai beaucoup de choses en commun avec ma sœur. _____

6 Je veux me promener mais les autres aiment aller au musée. _____

2 Souvenez-vous du verbe venir au présent? Remplissez les blancs.

je _____

tu _____

il/elle/on _____

nous _____

vous _____

ils/elles _____

3 Lisez ces réponses à la question « Tu préfères passer des vacances avec les copains ou avec la famille ? » C'est qui ?

Magalie
Moi, j'aime mieux aller en vacances avec ma famille car tout le monde s'entend bien.

Sophie
J'aime bien passer des vacances en famille mais je préfère partir avec mes amies car c'est plus marrant.

Julie
Je dirais que je préfère partir avec mes potes car on a plus de liberté sans ses parents.

Geneviève
Quant à moi, je ne partirais jamais avec mes copines parce qu'on finirait par se disputer.

Louise
Puisque ma sœur cadette m'énerve beaucoup, je préférerais passer mes vacances avec mes copains.

Marthe
Mes parents se passionnent pour l'histoire, mais moi, je ne supporte pas ça, alors j'aime bien aller en vacances avec mes amis.

1 Elle ne partage pas les intérêts de sa famille. _____

2 Elle serait plus libre avec ses amis. _____

3 Elle pense qu'elle ne s'entendrait pas avec ses amies. _____

4 Elle ne se dispute pas avec sa famille. _____

5 Elle dit que c'est plus amusant avec ses copines. _____

6 Elle ne s'entend pas avec sa sœur. _____

4 Remplissez les blancs avec la bonne forme du verbe *venir + de/d'*.

1 On _____ arriver à Genève.

2 Martine _____ visiter le château.

3 Nous _____ passer un weekend à Liège.

4 Je _____ acheter un nouveau pull.

5 Mes parents _____ rendre visite à leurs amis.

6 _____-vous _____ rentrer de vos vacances ?

5 Lisez le billet de blog et choisissez le bon mot.

Hassan

Nos "vacances en famille" ne se sont pas très bien passées. Nous venons de rentrer et maintenant on a besoin de nouvelles vacances pour récupérer ! Mes parents ont choisi une villa idyllique à la Martinique mais ma sœur était tout le temps de mauvaise humeur. En vérité elle voulait rester à la maison avec ses copines. Moi, j'avais envie de faire des jeux sur mon portable mais malheureusement il n'y avait pas de réseau ! Et en plus, il a plu tous les jours et mes parents se sont disputés. Les vacances en famille ? J'aurais préféré ne pas partir du tout !

1 Les vacances étaient **difficiles / faciles**.

2 Qui a payé? **Hassan / Ses parents**.

3 La villa était **parfaite / horrible**.

4 La sœur d'Hassan était **triste / contente**.

5 Il y avait un problème avec **le chauffage / le réseau**.

6 Il faisait **mauvais / beau**.

7 Les parents s'entendaient **bien / pas bien**.

8 Pour Hassan, les vacances en famille sont une **bonne / mauvaise** idée.

6 Écrivez 3 raisons pour lesquelles les vacances en famille sont une bonne idée et 3 raisons pour lesquelles c'est une mauvaise idée. Faites un débat avec votre partenaire.

_____
_____
_____
_____
_____
_____

7 Écrivez une description des vacances au passé. Mentionnez:

- le voyage
- le logement
- le temps
- la destination
- les rapports

_____
_____
_____
_____
_____
_____
_____
_____
_____
_____

6.4 Se déplacer en vacances

1   **Quel est le meilleur moyen de transport ?**

    1   Pour aller en Amérique ? en _____

    2   Pour aller de notre village en ville ? (transport public) en _____

    3   Pour aller du nord de la France au sud de la France ? (transport public) en _____

    4   Si on n'aime pas le transport public ? en _____

    5   Si on n'a pas de véhicule ? à _____

    6   Si on veut rouler à deux roues ? à _____

    7   Pour aller de Douvres à Calais ? en _____

2   **Répondez par oui ou non.**

    1   Est-ce que le bateau est un bon choix si on a le mal de mer ? _____

    2   Est-ce que l'avion est un bon choix si on pense à l'environnement ? _____

    3   Est-ce que le bateau est une bonne option pour aller de Newhaven à Dieppe ? _____

    4   Est-ce que la voiture est une bonne option si on veut parcourir 200 mètres? _____

    5   Est-ce que le train est un bon choix pour aller de Montréal à Ottawa ? _____

3   **Écrivez 3 phrases sur les transports.**

    Pour aller de _____ à _____, je prends _____ parce que...

    _____

    _____

    _____

    _____

    _____

    _____

4   **Traduisez les phrases en utilisant _depuis_.**

    1   I've been here since six o'clock. _____

    2   Lara has been waiting for five minutes. _____

    3   We have lived here since the summer. _____

5   **Posez ces questions à votre partenaire et notez ses réponses en utilisant _il/elle_.**

    ●   Depuis quand apprends-tu le français ?

    _____

    ●   Depuis quand habites-tu ici ?

    _____

    ●   Tu es dans cette salle de classe depuis quelle heure ?

    _____

       → _Grammaire: A4 Depuis SB p.238_

6.5 Des vacances désastreuses !

1   **Reliez les expressions françaises à leur équivalent anglais.**

1	allergie	☐	**a**	suntan lotion
2	carte d'identité	☐	**b**	credit card
3	coup de soleil	☐	**c**	sunburn
4	portefeuille	☐	**d**	to sunbathe
5	sac à dos	☐	**e**	wallet
6	crème solaire	☐	**f**	allergy
7	carte de crédit	☐	**g**	rucksack
8	bronzer	☐	**h**	ID card

2   **Écrivez 6 phrases. Qu'est-ce que vous avez perdu ?**

J'ai perdu mon/ma/mes …

1 *passport at the swimming pool* _____

2 *rucksack at the airport* _____

3 *wallet last week* _____

4 *ID card yesterday* _____

5 *money last year* _____

6 *keys at the hotel* _____

3   **Traduisez les phrases en anglais.**

1   J'ai souvent mal à la tête. _____

_____

2   Mon copain, Paul a mal au dos. _____

_____

3   Mon frère avait mal aux dents de temps en temps. _____

_____

4   L'année dernière, j'ai eu mal aux jambes. _____

_____

4   **Remplissez les blancs avec les verbes à l'imparfait.**

1   Mon père _____ de la fièvre. (avoir)

2   Ma sœur _____ à la plage. (bronzer)

3   Il _____ tous les jours. (pleuvoir)

4   Je _____ au badminton. (jouer)

5   Il _____ beau. (faire)

6   Léa _____ à Dakar chaque été. (aller)

5 Lisez la description d'un voyage catastrophique. Écrivez vrai (V) ou faux (F).

Natalie

Pour aller en Suisse pour faire du ski, on a décidé de prendre le train. Je suis partie avec mon frère et mes parents. On a attendu pendant deux heures mais le train n'est pas arrivé. Il a été annulé à cause d'une grève. On est rentrés à la maison et le lendemain on est repartis. Cette fois, le train est parti à l'heure. L'hôtel était près de Zermatt mais il n'y avait pas de neige. Nous faisions des promenades et mes parents jouaient aux cartes. Le soir, je regardais la télé dans ma chambre. Enfin, on s'est réveillés et le paysage était blanc ! J'ai mis mes skis tout de suite et après cinq minutes je suis tombée et je me suis cassée la jambe. C'est vrai ! J'ai passé cinq heures à l'hôpital et nous sommes rentrés à Paris. C'était un désastre !

1 On a pris l'avion pour aller à Zermatt.
_____

2 On est partis en famille. _____

3 Le train a été annulé. _____

4 Après être arrivés, on a fait du ski. _____

5 Natalie jouait aux cartes. _____

6 Elle faisait des promenades avec ses parents. _____

7 Elle s'est cassée le bras. _____

8 Les vacances étaient une catastrophe. _____

6 Lisez l'e-mail de Salim sur ses vacances désastreuses. Choisissez a, b ou c pour compléter les phrases.

Il y a deux ans, je suis allé en vacances pendant une semaine avec ma famille au pays de Galles. On a fait du camping mais le temps était affreux et il a plu presque tous les jours, alors on est rarement sortis. On a dû passer deux nuits dans une auberge de jeunesse car notre tente a été détruite.

De plus, le dernier jour des vacances mon père a perdu les clés de la voiture et nous avons passé toute la journée à l'intérieur. Mon père les a enfin retrouvées dans la poche de sa veste !

Le voyage du retour était difficile car on a raté le bateau et tout le monde était déprimé.

1 Salim a passé des vacances au pays de Galles…

a l'année dernière. **b** avec ses copains. **c** il y a deux ans.

2 Il a plu…

a beaucoup. **b** tous les jours. **c** rarement.

3 Il a fait du camping…

a tous les jours. **b** pendant deux nuits. **c** pour la plupart des vacances.

4 Son père a perdu les clés de la voiture…

a dans l'auberge de jeunesse. **b** le dernier jour des vacances **c** dans un pantalon.

5 Le voyage du retour…

a était facile. **b** a été problématique. **c** s'est passé sans problème.

Assessment questions

8 **Parler : Jeu de rôle**

> **Vous êtes dans une agence de voyages pour demander des renseignements.**
>
> **Candidat(e) :** vous-même
>
> **Professeur :** agent de voyage
>
> Le/la professeur va commencer le jeu de rôle.
>
> Répondez à toutes les questions.

9 **Parler: Conversation**

> Répondez aux 5 questions.
>
> Le/la professeur va commencer la conversation.
>
> Répondez à toutes les questions.

10 **Écrire**

Partir en vacances

Écrivez un e-mail à un(e) ami(e) français(e) à ce sujet.

- Où et avec qui avez-vous passé vos vacances l'année dernière ?
- Décrivez ce que vous avez fait pendant les vacances.
- Quelle sorte de vacances préférez-vous ? Expliquez votre choix.
- Est-il important de voyager à l'étranger ? Donnez vos raisons.
- Comment seraient vos vacances de rêve ?

Écrivez 130–140 mots en français.

_____
_____
_____
_____
_____
_____
_____
_____
_____
_____

> Check that you have covered all the bullet points. You will lose marks if you omit content.

7.1 Quelles options pour ma carrière ?

1 Reliez le métier et la définition.

> avocat   architecte   agent de police   chirurgien   boulanger
> infirmière   professeur   comptable

1 Il faut être bon en maths. _____

2 On aide des personnes qui sont malades. _____

3 On fabrique du pain. _____

4 On travaille dans une école. _____

5 On arrête des criminels. _____

6 On dessine des bâtiments. _____

7 On interprète les lois. _____

8 On opère des patients. _____

2 Écrivez le bon pronom possessif.

1 Comment s'appelle ta sœur ? _____ s'appelle Sophie. (*mine*)

2 Est-ce que ce portable est _____ ? (*yours, singular*)

3 Nos devoirs sont plus difficiles que _____. (*theirs*)

4 Ce n'est pas la mienne, c'est _____ . (*his*)

5 Ce n'est pas le sien, c'est _____. (*mine*)

6 Comment sont tes parents ? _____ sont stricts. (*ours*)

3 Quel emploi pour quelle personne ?

Marianne	**Théo**	**Noah**
J'ai envie de travailler avec le public, peut-être dans un hôpital.	À l'école, je suis bon en dessin et je m'intéresse à la construction d'une ville.	Les actualités m'intéressent et j'écris bien.

Yasmine	**Mehdi**	**Nora**
Je vais aider mes clients à gérer leur argent.	C'est un emploi dur mais je voudrais aider des personnes qui se trouvent dans un incendie.	Je vais me lever de très bonne heure parce que mes clients mangeront mes produits pour le petit déjeuner !

1 _____ veut être banquier/banquière.

2 _____ voudrait devenir boulanger/boulangère.

3 _____ aimerait devenir médecin ou infirmier/infirmière.

4 _____ veut être sapeur-pompier.

5 _____ sera journaliste.

6 _____ deviendra architecte.

→ *Grammaire: A2 Possessive pronouns SB p.230*

4 Lisez l'article et répondez aux questions en anglais.

> Vous n'avez que seize ans et il n'est pas nécessaire de penser à votre carrière ? Faux ! Les décisions que vous prenez maintenant peuvent être essentielles pour l'avenir. Choisissez les matières qui vous aideront à trouver la carrière qui est bonne pour vous ! Êtes-vous fort(e) en maths et sciences ? Pensez à devenir comptable, architecte, chirurgien(ne) ou même professeur. Préférez-vous les langues et les arts ? Vous pourriez devenir interprète, journaliste ou travailler dans le tourisme. Quels talents avez-vous ? Est-ce que les vôtres sont plutôt pratiques ? Pensez alors à faire un apprentissage pour devenir boulanger, plombier ou boucher. Ce sont des professions très utiles, au masculin comme au féminin !

1 What careers are recommended for people who are practical? Name 3.

_____ _____ _____

2 What if you are more language- or arts-orientated? Name 3.

_____ _____ _____

3 What is suggested for people who like maths and science? Name 4.

_____ _____ _____ _____

4 Is it too early to be thinking about careers? _____

5 What does the text say about the choices you make today? _____

5 Posez et répondez aux questions avec votre partenaire.

- Quelles sont tes matières préférées ?
- Quelles matières n'aimes-tu pas ?
- Quels talents as-tu ?
- As-tu choisi une carrière ?
- Quelles sont les raisons pour ce choix ?

6 Remplissez les blancs dans ce texte sur les emplois. Utilisez les mots de l'encadré. Il y a des mots en trop.

> université devenir faire aimerait vais suis technicien animaux
> ordinateurs fort étudie nul

À l'avenir, je voudrais **1** _____ architecte car je suis **2** _____ en dessin et on dit que je **3** _____ créatif. Mon frère est **4** _____ parce qu'il aime bien travailler avec les **5** _____, et ma sœur **6** _____ être avocate. Elle va à l'**7** _____ où elle **8** _____ le droit.

7.2 Comment postuler pour un job d'été

1 Reliez les expressions françaises à leur équivalent anglais.

1 lettre de motivation ☐	**a** skills
2 demande d'emploi ☐	**b** salary
3 postuler ☐	**c** summer job
4 job d'été ☐	**d** job application
5 à plein temps ☐	**e** to apply
6 compétences ☐	**f** full time
7 salaire ☐	**g** covering letter

2 Lisez le CV. Lisez les phrases 1–8 : vrai (V), faux (F) ou pas mentionné (PM) ?

Nom : Sylvie Letort
Date de naissance : 23 / 02 / 2000
Adresse : 8, rue des Pommiers, 10223 Troyes
Téléphone : 05.26.39.42
Adresse e-mail : s.letort3@gmail.com
Éducation : Bac économique et social, Lycée Ste-Marie
    Collège Beurnonville, Troyes
Expérience professionnelle : Travail à mi-temps
    au Centre Sportif de St André, 2017-2018
    (surveillante de baignade)
Stage professionnel : Syndicat d'Initiative, Troyes,
    pendant quinze jours en 2016

1 Sylvie est née en mars. _____
2 Elle habite à St André. _____
3 Elle a le bac. _____
4 Elle a beaucoup voyagé. _____
5 Elle s'intéresse aux sports nautiques. _____
6 Elle aime lire. _____
7 Elle n'a jamais eu un petit job. _____
8 Elle a travaillé dans un office de tourisme. _____

3 Avec votre partenaire, faites l'entretien de Sylvie Letort.

Écrivez 6 questions que vous allez lui poser.

_____
_____
_____
_____
_____
_____

4 Écrivez une lettre de motivation pour Sylvie, qui veut postuler pour un job d'été dans une colonie de vacances.

_____
_____
_____
_____
_____
_____
_____

7.3 Un choix difficile

1 Remplissez les blancs avec un pronom indéfini de l'encadré.

un autre   quelqu'un   tout le monde   quelque chose
certains   n'importe qui

1 _____ peut prendre une année sabbatique. (*everyone*)

2 C'est _____ de très avantageux. (*something*)

3 Je connais _____ qui peut t'aider à trouver un emploi. (*someone*)

4 J'ai perdu mon CV, alors j'en ai écrit _____. (*another*)

5 _____ peut trouver un job d'été. (*anyone*)

6 Pour _____, une année sabbatique peut être inutile. (*certain people*)

2 Traduisez les phrases de l'exercice 1 en anglais.

_____

_____

_____

_____

_____

_____

3 Lisez le texte et choisissez les bons mots pour compléter les phrases.

Ma sœur Fatima a passé une année sabbatique très intéressante. Elle s'est décidée à passer quelques mois à l'étranger pour faire du travail bénévole. Notre oncle connaît une organisation au Mali qui tente de promouvoir l'éducation pour les enfants de familles défavorisées. Fatima a trouvé le travail dur mais très satisfaisant. C'était quelque chose d'unique. Elle s'est fait des contacts utiles et a acquéri de l'expérience professionnelle avant de faire ses études à l'université. Ce n'est pas un emploi pour tout le monde mais moi, je ferai la même chose l'année prochaine.

1 Fatima **prendra / a pris / voudrait prendre** une année sabbatique.

2 Elle a travaillé **en Afrique / en France / au Canada**.

3 L'organisation était **économique / éducative / culturell**e.

4 Le travail était **facile / difficile / bien payé**.

5 Fatima **étudie / a étudié / va étudier** à l'université.

6 La sœur de Fatima trouve cette idée **intéressante / barbante / affreuse**.

4 Et vous ? Voudriez-vous prendre une année sabbatique ? Qu'est-ce que vous voudriez faire et pourquoi ? Écrivez un paragraphe.

_____

_____

_____

_____

7.4 L'employé(e) du mois !

1 Reliez les verbes impersonnels à leur traduction anglaise.

1	il neige	☐	**a**	it's raining
2	il faut	☐	**b**	it's hailing
3	il pleut	☐	**c**	it's necessary
4	il s'agit de	☐	**d**	it's about
5	il semble	☐	**e**	it's snowing
6	il grêle	☐	**f**	it seems

2 Lisez le texte et reliez les débuts et les fins de phrase.

> Camille a écrit une lettre de motivation au conseil municipal parce qu'elle a lu une annonce dans le journal. Il s'agissait d'un poste à l'Office de Tourisme d'Arcachon. Camille espérait avoir les qualités nécessaires pour travailler avec le public. Officiellement, il faut avoir un bac économique et social et une licence de lettres, mais l'annonce a aussi souligné l'importance de certaines qualités personnelles : travailler en équipe, bien communiquer avec les clients et parler plusieurs langues. Heureusement, Camille a étudié l'espagnol et l'anglais et est capable de traduire à l'oral et à l'écrit. Elle a réussi à décrocher le poste et elle commencera la semaine prochaine.

1	Camille a lu une annonce...	☐	**a**	... était libre.
2	Le poste...	☐	**b**	... plusieurs langues.
3	Elle avait...	☐	**c**	... l'emploi.
4	Elle peut...	☐	**d**	... dans le journal.
5	Elle parle...	☐	**e**	... les bonnes qualifications.
6	Elle a écrit...	☐	**f**	... travailler en équipe.
7	Il s'agissait...	☐	**g**	... une lettre.
8	Elle a décroché...	☐	**h**	... d'un poste idéal.

3 Traduisez les 8 phrases de l'exercice 2 en anglais.

_____

_____

_____

_____

_____

_____

_____

_____

4 Écrivez ces phrases à l'imparfait et traduisez-les en anglais.

1 Il s'agit de trouver un emploi. _____

_____

2 Il semble que le poste est déjà pris. _____

_____

3 Il faut écrire une lettre de motivation. _____

_____

4 Elle parle trois langues. _____

_____

5 Elle aime travailler en équipe. _____

_____

6 Il semble que le travail est dur. _____

_____

5 Lisez cet extrait de l'entretien avec Camille et répondez aux questions par vrai (V), faux (F) ou pas mentionné (PM).

> ● Quelles sont les qualités nécéssaires pour réussir dans cet emploi, à votre avis?
> ■ *Il faut avoir de la patience, parler plusieurs langues et travailler en équipe.*
> ● Pensez-vous que vous possédez ces qualités?
> ■ *Bien sûr. J'ai souvent travaillé avec le public, je m'entends bien avec mes collègues et je parle anglais et italien.*
> ● Il me semble que vous êtes parfaite pour ce poste.

1 Camille a les bonnes qualités pour cet emploi. _____

2 Elle n'a jamais travaillé avec des collègues. _____

3 Elle parle très bien espagnol. _____

4 Elle est plutôt impatiente. _____

5 L'emploi est à Marseille. _____

6 Quelles qualités avez-vous qui vous aideront à trouver un emploi ? Écrivez plusieurs phrases.

_____

_____

_____

_____

_____

_____

7 Discutez avec votre partenaire : quelles qualités sont nécessaires pour quel poste ?

Dentiste : Il faut être très patient et professionnel. Il s'agit d'être très bien qualifié.

7.5 Mes projets d'avenir

1 Remplissez la grille avec la bonne forme du futur et du conditionnel.

	futur	conditionnel
1 je regarde		
2 il est		
3 on voyage		
4 nous avons		
5 je peux		
6 elles font		
7 nous voulons		
8 vous allez		

2 Réécrivez les phrases en utilisant a) le futur et b) le conditionnel.

1 Je peux trouver un emploi. **a** _____

b _____

2 Paulette a trop de travail. **a** _____

b _____

3 Vous êtes trop fatigué. **a** _____

b _____

4 Elles font leur stage en été. **a** _____

b _____

5 Je travaille dans une usine. **a** _____

b _____

3 Lisez les déclarations 1–6 et écrivez Lola, Nathan ou Jamila.

Lola

L'année prochaine, je vais faire un stage en entreprise. Je voudrais bien travailler dans une agence de voyages car je suis forte en langues vivantes et j'adore voyager, surtout en Afrique

Nathan

Moi, j'ai déjà fait mon stage en entreprise mais c'était une catastrophe parce que je ne m'entendais pas bien avec mon patron. C'était dans un supermarché au centre ville, où j'ai travaillé à la caisse. Un jour, j'ai donné à un client la monnaie de 100 euros bien qu'il ne m'avait donné que 10 euros. Mon chef était très fâché et j'ai perdu mon boulot.

Jamila

Je voudrais travailler pour une organisation comme Amnesty International ou Médecins Sans Frontières. C'est important pour moi de faire du bien dans le monde et en travaillant pour une institution de bienfaisance, je pourrai aider ceux qui n'ont pas eu beaucoup de chance dans la vie.

→ *Grammaire: A1 and A2 The future tense SB p.236 and The conditional SB p.236*

Qui...

1 ... a fait une grosse erreur au travail ? _____

2 ... a eu un stage difficile ? _____

3 ... est bonne en langues étrangères ? _____

4 ... voudrait aider des personnes défavorisées ? _____

5 ... travaillera dans le tourisme ? _____

6 ... travaillera pour une grande organisation internationale ? _____

4 **Relisez la déclaration de Lola et traduisez-la en anglais.**

_____

_____

_____

_____

_____

5 **Adaptez la déclaration de Lola pour écrire un paragraphe sur vous.**

_____

_____

_____

_____

_____

6 **Conjuguez le verbe entre parenthèses au temps indiqué et traduisez les phrases complètes en anglais.**

1 Si je travaille dur, je _____(trouver/futur) un bon emploi.

_____

2 Si tu gagnais beaucoup d'argent, tu _____ (être/conditionnel) vraiment content.

_____

3 Le mois prochain, je _____ (faire/futur) un stage dans un bureau en ville.

_____

4 Mon frère _____ (acheter/conditionnel) une grande maison et une voiture de sport.

_____

5 Si je pouvais, je _____ (devenir/conditionnel) comptable à l'avenir.

_____

6 L'année prochaine, mes amis _____ (aller/futur) à l'université pour faire une licence.

_____

7 **Parler : Jeu de rôle**

> **Vous parlez avec un(e) ami(e) francophone à propos des métiers de vos parents.**
>
> **Candidat(e) :** vous-même
>
> **Professeur :** ami(e)
>
> Le/la professeur va commencer le jeu de rôle.
>
> Répondez à toutes les questions.

8 **Parler: Conversation**

> Répondez aux 5 questions.
>
> Le/la professeur va commencer la conversation.
>
> Répondez à toutes les questions.

9 **Écrire**

Mon stage

Vous avez eu un job d'été dans votre région pendant les grandes vacances. Écrivez un article pour le magazine de votre collège.

- Dites où vous avez travaillé et pendant combien de temps.
- Décrivez votre routine.
- Qu'est-ce que vous pensez de cette expérience ? Donnez des raisons pour votre opinion.
- Quels sont les avantages et les inconvénients d'un petit job ?
- Où est-ce que vous voudriez travailler pendant l'été prochain ? Expliquez pourquoi.

Écrivez 130–140 mots en français.

_____
_____
_____
_____
_____
_____
_____
_____
_____
_____

> Include your hopes and plans regarding further education and future career.
> Remember to include any part-time jobs you have had and what they were like.

8 Découvrir le monde

8.1 Citoyens du monde

1 **Reliez les expressions françaises aux équivalents anglais.**

1 la récréation ☐   a the headteacher
2 les espaces verts ☐   b playtime
3 la journée scolaire ☐   c a lunch break
4 demi-pensionnaire ☐   d the school day
5 une pause déjeuner ☐   e semi-boarder
6 l'uniforme scolaire ☐   f green spaces
7 le programme scolaire ☐   g the curriculum
8 le principal ☐   h the school uniform

2 **Lisez les expressions météorologiques et notez si les phrases sont au présent, futur, imparfait ou passé composé.**

1 Il faisait froid. _____
2 Il fera très chaud. _____
3 Le soleil brillait. _____
4 Il pleut souvent. _____
5 La saison était sèche. _____
6 Il fera humide. _____
7 Il a fait beau. _____
8 Il fait du soleil. _____

3 **Réécrivez les phrases de l'exercice 2 au temps indiqué.**

1 présent _____
2 passé composé _____
3 futur _____
4 imparfait _____
5 présent _____
6 imparfait _____
7 futur _____
8 passé composé _____

4 **Lisez cette description de la Martinique. Répondez oui ou non aux questions 1–6.**

Comme partout aux Antilles, ici à Lamentin en Martinique on porte un uniforme scolaire, mais il n'est pas tellement strict à cause de notre climat, qui peut être assez chaud. À midi, on a 90 minutes de pause parce qu'il fait vraiment trop chaud pour étudier efficacement. Même si on parle le créole entre nous, les profs donnent les cours seulement en français. Dans notre collège, il y a 500 élèves. Moi, je suis demi-pensionnaire et j'arrive en bus – le trajet ne dure que quinze minutes et ça me donne l'occasion de bavarder avec mes amies. Je préfère habiter en Martinique qu'habiter en métropole. Bien sûr, il y a peut-être moins de distractions que dans une grande ville mais le climat est parfait et on n'est jamais loin de la mer !

Jamila

→ *Grammaire: A2 and A3 The present tense SB p.231–233, The imperfect tense SB p.234 and The future tense SB p.236*

1 Est-ce que Jamila porte un uniforme scolaire ? _____

2 Est-ce que Jamila préférerait habiter à Marseille ? _____

3 Est-ce que la pause déjeuner est assez longue ? _____

4 Est-ce qu'elle prend beaucoup de temps pour arriver à l'école ? _____

5 Est-ce qu'on parle français en classe ? _____

6 Est-ce qu'elle est satisfaite du climat ? _____

5 **Traduisez les 4 premières phrases du texte de l'exercice 4 en anglais (Comme partout ...
500 élèves).**

_____

_____

_____

_____

6 **Soulignez les pays où le français est une langue officielle ou co-officielle. Si vous n'êtes pas
sûr(e), consultez Internet !**

la Réunion, les Pays-Bas, le Niger, l'Autriche, les États-Unis, la Belgique, le Canada,
le Sénégal, le Kenya, Haïti, le Zimbabwe, la Côte d'Ivoire, Andorre

7 **Lisez ces opinions sur l'exploration des pays différents. Trouvez 4 personnes qui ont des
opinions positives (P) et 4 personnes qui ont des opinions négatives (N).**

Moussa : Quand on voyage on apprend d'autres langues. ☐

Olivier : Quand on va à l'étranger, on élargit ses horizons. ☐

Rémy : Pas besoin de quitter sa propre maison afin d'apprendre une langue étrangère ! ☐

Julie : Moi, j'aime bien voyager dans des pays lointains car je peux partager et comprendre les valeurs des autres. ☐

Pierre : Voyager partout dans le monde, ça coûte cher. ☐

Salika : Voyager, ça peut améliorer sa confiance en soi. ☐

Alice : Quand je voyage je me sens souvent seule et un peu isolée. ☐

Jennifer : Je suis vraiment casanière. Mes copains me manquent quand je fais des excursions. ☐

8 **Traduisez les 8 opinions de l'exercice 6 en anglais.**

_____

_____

_____

_____

_____

_____

_____

_____

8.2 Pourquoi voyager ?

1 Reliez les adjectifs français (au masculin singulier) à leur équivalent anglais.

1 inoubliable	☐	**a**	extraordinary
2 francophone	☐	**b**	unforgettable
3 amical	☐	**c**	fresh
4 beau	☐	**d**	beautiful
5 nouveau	☐	**e**	unbelievable
6 frais	☐	**f**	friendly
7 délicieux	☐	**g**	new
8 merveilleux	☐	**h**	marvellous
9 incroyable	☐	**i**	French-speaking
10 extraordinaire	☐	**j**	delicious

2 Écrivez ces adjectifs au féminin.

1 beau _____

2 nouveau _____

3 frais _____

4 délicieux _____

5 merveilleux _____

6 amical _____

7 extraordinaire _____

8 incroyable _____

3 Lisez cet article et reliez les débuts et les fins de phrase.

> Une visite en Asie peut être une expérience inoubliable pour les touristes. Beaucoup de jeunes européens prennent leur sac à dos et partent, seuls ou en groupe, pour visiter le Cambodge et le Vietnam. Bien que ces pays aient une histoire tragique qui date du siècle dernier, ils sont quand même très accueillants pour les touristes, avec leur culture, leur cuisine – comme les nouilles – et des paysages incroyables. Il faut qu'on admire les rochers de la Baie d'Halong, qu'on aille voir le spectacle des Marionnettes sur l'eau au théâtre d'Hanoï et qu'on visite le musée qui se trouve dans le palais d'Ho Chi Minh. Mais faites attention à la circulation dans les grandes villes. Les rues sont pleines de mobylettes qui sont très dangereuses parce qu'elles roulent très vite et polluent l'air.

1 Beaucoup d'étudiants européens...	☐	**a**	... pour les touristes.
2 Le Vietnam et le Cambodge...	☐	**b**	... sont à éviter!
3 Il y a beaucoup à voir...	☐	**c**	... de la cuisine vietnamienne.
4 Dans le palais d'Ho Chi Minh...	☐	**d**	... sont des pays francophones.
5 Les mobylettes d'Hanoï...	☐	**e**	... est très pollué.
6 Les nouilles sont un exemple...	☐	**f**	... visitent l'Asie.
7 L'histoire de ces pays...	☐	**g**	... il y a un musée.
8 L'air à Ho Chi Minh...	☐	**h**	... a été dure.

4 Traduisez en anglais les phrases 1–4 de l'exercice 3.

_____

_____

_____

_____

5 Trouvez 4 verbes au subjonctif dans le texte de l'exercice 3.

_____   _____   _____   _____

6 Remplissez les blancs avec les mots de l'encadré. Il y a des mots en trop.

> va   aille   mais   efficaces   est   puisse   différente
> existe   professeurs   partager   aussi   étrangère

> Bien qu'il **1** _____ plein de moyens **2** _____ d'améliorer ses
> compétences linguistiques, selon la plupart des **3** _____, il faut qu'on
> **4** _____ à l'étranger pour qu'on **5** _____ mieux apprendre à
> parler une langue **6** _____. De plus, on peut **7** _____ découvrir
> une culture **8** _____.

7 Traduisez les phrases en anglais.

1 Je veux que tu m'accompagnes au Canada.

_____

2 Il vaut mieux qu'on voyage souvent si on veut apprécier la vie des autres.

_____

3 Je regrette que tu ne sois pas plus aventureux.

_____

8 Lisez l'opinion de Lise et choisissez a, b ou c.

> **Lise :** J'ai récemment fait une pause de six mois dans mes études afin de pouvoir voyager.
> Mes parents m'ont dit que c'était une mauvaise idée car ils pensaient que j'aurais du mal à
> reprendre des habitudes scolaires après.
>
> J'ai passé du temps en Afrique où j'ai visité une dizaine de pays francophones. Au début,
> j'étais un peu inquiète, mais j'ai fini par passer un séjour inoubliable et me voici, galvanisée
> et prête à étudier de nouveau !

1 Lise a voyagé pendant… **a** un an. **b** six mois. **c** l'été.

2 Ses parents… **a** n'aimaient pas l'idée de ce voyage. **b** ont dit qu'une pause dans les
études était super. **c** ont accompagné Lise.

3 Lise a visité… **a** beaucoup de pays où l'on ne parle pas français. **b** plus de douze pays
francophones. **c** environ dix pays où l'on parle français.

4 D'abord,… **a** elle était confiante. **b** elle n'était pas inquiète. **c** elle se faisait du souci.

5 Maintenant, elle… **a** veut bien reprendre ses études. **b** veut voyager encore. **c** est
d'accord avec ses parents.

→ _Grammaire: A5 The subjunctive mood SB p.238_

8.3 Vous voulez faire une expédition ?

1 **Remplissez les blancs avec le mot en français.**

1 On peut essayer de nouvelles _____. (*activities*)

2 Voulez-vous faire des _____ ? (*hiking*)

3 Aimeriez-vous faire partie d'une _____ ? (*team*)

4 C'est _____. (*compulsory*)

5 Quel est le _____ de l'expédition ? (*goal*)

6 Le volcan est très _____. (*famous*)

7 Vivre parmi les cultures _____ est une expérience incroyable. (*foreign*)

8 Quels sont les _____ à faire ? (*preparations*)

2 **Écrivez le verbe au plus-que-parfait.**

1 Nous _____ _____ les préparatifs avant de partir. (faire)

2 On _____ _____ à faire des randonnées. (se décider)

3 Nous _____ _____ des guides touristiques. (lire)

4 David n'_____ jamais _____ un paysage comme ça. (voir)

5 J'_____ _____ avant de lire le prix ! (payer)

6 Je voulais camper mais j'_____ _____ ma tente ! (oublier)

3 **Lisez le texte et écrivez vrai (V) ou faux (F).**

Monserrat est une île antillaise qui a un volcan semi-actif. On peut visiter l'île mais pas le secteur sud parce que le paysage a été détruit par l'éruption du volcan de la Soufrière en 1995. C'était la première fois que le volcan était entré en éruption, mais aujourd'hui l'île souffre toujours. Même si Monserrat est proche de plusieurs îles francophones (par exemple la Guadeloupe est à 50 kilomètres), c'est un territoire britannique.

1 Monserrat est dans les Antilles. _____

2 On peut visiter toute l'île. _____

3 Le volcan est entré en éruption pendant les années quatre-vingt-dix. _____

4 Le volcan entre en éruption régulièrement. _____

5 L'île n'a pas souffert. _____

6 Monserrat est une île francophone. _____

4 **Traduisez les phrases en anglais.**

1 J'avais fait des préparatifs avant de partir en vacances.

_____

2 Mes parents avaient laissé leurs valises dans un taxi.

_____

3 Mon copain était allé en Tunisie l'année dernière.

_____

4 Elle était arrivée la première à la gare.

_____

5 On avait logé dans un camping luxueux.

_____

8.4 Vanuatu – Guide pratique

1 Traduisez les expressions en français.

1 in my opinion

_____

2 in your opinion

_____

3 in her opinion

_____

4 according to him

_____

5 according to you

_____

6 according to Ludovic

_____

2 À votre avis, est-ce que ces mots sont transparents ou non avec l'anglais ? Cochez la bonne case et traduisez les mots. Ces mots sont-ils transparents dans une autre langue ?

	transparent	pas transparent	traduction
1 bateau		✔	boat
2 expédition			
3 plusieurs			
4 compagnie			
5 hôtel			
6 privé			
7 dimanche			
8 combien ?			
9 boutique			
10 chauffeur			

	transparent	pas transparent	traduction
11 hôtel de ville			
12 difficile			
13 trajet			
14 étranger			
15 taxi			
16 voiture			
17 musée			
18 cathédrale			
19 église			
20 gare			

3 Lisez le texte et complétez les phrases.

Près de la France se trouvent les îles de Jersey, Guernesey et Alderney. On peut y aller en bateau ou en avion et on peut louer une voiture pour se déplacer. Les îles sont très loin de Vanuatu mais elles ont certaines caractéristiques en commun : il y a des plages pittoresques, le paysage est joli et les habitants sont très accueillants. On peut faire des activités nautiques mais le climat est beaucoup moins chaud qu'au Vanuatu. L'ambiance est unique, mi-française, mi-britannique.

1 On peut voyager aux îles anglo-normandes en _____ ou en _____.

2 La location d'une _____ est possible.

3 On peut se baigner dans la _____.

4 Les _____ sont gentils.

5 L'_____ est internationale.

4 Sur une feuille ou dans votre cahier, écrivez un paragraphe qui fait la publicité pour les îles anglo-normandes.

8.5 C'était comment, l'expédition ?

1   **Choisissez un mot de l'encadré pour chaque définition.**

> les repas   la sortie   la destination   se déplacer   la culture   le paiement
> le voyage   les gens   la location   les langues

1   where you are going _____

2   art and music _____

3   finding the money _____

4   what we speak _____

5   getting around _____

6   getting there _____

7   going out _____

8   renting something _____

9   people _____

10   eating _____

2   **Lisez ce texte. Écrivez dans les cases le chiffre (1–8) qui correspond.**

> L'île de Ré est un endroit merveilleux ☐. On y va ☐ depuis ma jeunesse. J'y ai passé ☐ deux semaines avec ma famille il y a ☐ un an. On l'☐ a trouvée très pittoresque ☐ et on faisait ☐ de la planche à voile régulièrement ☐. Si on avait le temps, on passerait ☐ beaucoup plus de semaines là-bas.

1   direct object pronoun

2   ago

3   adjective (×2)

4   perfect tense

5   conditional

6   adverb

7   imperfect tense

8   present tense

3   **Choisissez un autre endroit et écrivez un paragraphe comme celui de l'exercice 2.**

_____

_____

_____

_____

_____

_____

_____

_____

_____

_____

4 Remplissez les blancs avec les mots de l'encadré. Il y a des mots en trop.

> année semaine pratiqué améliorer fait retourner
> nul vraiment rencontré amis joué dernière

J'ai **1** _____ une expédition en Nouvelle Calédonie l'année
2 _____ et c'était **3** _____ intéressant. J'ai **4** _____
plein de nouveaux **5** _____ et j'ai même **6** _____ mon français.
Je vais y **7** _____ l'**8** _____ prochaine.

5 Imaginez que vous avez fait une expédition aux Seychelles. Écrivez une description étendue. Vous n'avez pas l'information ? Consultez Internet !

Décrivez (en détail) :

- le voyage
- le paysage et l'histoire
- le logement
- les coutumes et la culture
- la langue

- les prix
- la nourriture
- les transports
- vos activités

_____
_____
_____
_____
_____
_____
_____
_____
_____
_____
_____
_____
_____

6 Après avoir complété l'exercice 5, vérifiez que vous avez utilisé:

- plusieurs temps (présent, futur...)
- des adjectifs
- des adverbes
- depuis
- *si* + imparfait

- présent + *depuis*
- *il y a...*
- des pronoms
- vos opinions (justifiées)
- des détails intéressants

Assessment questions

7 **Parler : Jeu de rôle**

> **Vous venez de déménager au Canada et vous parlez de votre nouvelle école avec votre correspondant(e) français(e).**
>
> **Candidat(e) :** vous-même
>
> **Professeur :** correspondant(e)
>
> Le/la professeur va commencer le jeu de rôle.
>
> Répondez à toutes les questions.

8 **Parler: Conversation**

> Répondez aux 5 questions.
>
> Le/la professeur va commencer la conversation.
>
> Répondez à toutes les questions.

9 **Écrire**

Une expédition

Vous venez de rentrer d'une expédition à l'étranger avec un groupe de jeunes. Écrivez un article pour le magazine de votre collège.

- Dites où vous êtes allé(e) et pendant combien de temps.
- Décrivez les activités que vous avez faites.
- Quelles sont vos impressions de l'expédition ?
- Est-il important de faire une expédition ? Expliquez pourquoi/pourquoi pas.
- Où voudriez-vous faire une expédition à l'avenir ?

Écrivez 130–140 mots en français.

_____
_____
_____
_____
_____
_____
_____
_____
_____
_____
_____

> Always try to include examples of the future tense and the conditional in your written work.

9.1 Faire partie de sa communauté

1 Reliez les expressions françaises et leurs équivalents anglais.

1	donner un coup de main	☐	**a**	a charitable organisation
2	une association caritative	☐	**b**	the kindness of others
3	les collectes de fonds	☐	**c**	fundraising
4	les tâches ménagères	☐	**d**	a cleaning programme
5	un(e) sans-abri	☐	**e**	to give a helping hand
6	un(e) réfugié(e)	☐	**f**	homeless person
7	un programme de nettoyage	☐	**g**	household tasks
8	la gentillesse des autres	☐	**h**	a refugee

2 Écrivez les expressions françaises de l'exercice 1 qui correspondent à ces définitions.

1 une personne qui fuit un pays pour chercher une meilleure vie _____

2 une personne qui n'a ni maison, ni appartement _____

3 aider quelqu'un _____

4 ranger la cuisine, par exemple _____

5 un groupe de personnes généreuses _____

6 de l'argent qu'on a récolté _____

3 Reliez et recopiez les débuts et les fins de phrase avec *parce que*.

1 J'aide ma voisine...

2 Nous faisons un programme de nettoyage...

3 Je fais du travail bénévole...

4 Certaines personnes sont sans-abri...

5 Loïc aide les autres...

6 Mon oncle était content...

a ... j'aime aider les personnes pauvres.

b ... elles ont des problèmes personnels.

c ... un jour il aura besoin d'être aidé !

d ... elle est vieille.

e ... je lui ai donné un coup de main.

f ... la plage est sale.

_____

_____

_____

_____

_____

_____

→ *Grammaire: A3 Conjunctions SB p.239*

4 Lisez le texte et choisissez la bonne option.

> **Marielle**
>
> Nous habitons dans un faubourg de Paris et l'année dernière, on a organisé un festival bénévole pour soutenir des réfugiés soudanais qui sont sans-abri en France. Moi, j'ai aidé avec le nettoyage des rues après les concerts. Il est incroyable que certaines personnes jettent leurs papiers et leurs canettes par terre. Un festival comme ça peut encourager l'amitié entre les gens et les pays.

1 Le festival **aura lieu / a déjà eu lieu / n'aura pas lieu**.

2 Marielle a récolté **des déchets / des signatures / de l'argent**.

3 Le festival a aidé **les migrants / les Parisiens / les organisateurs**.

4 Les pays profitent d'**une entente / une dispute / une visite**.

5 Le festival était à **la campagne / au centre de Paris / dans une banlieue de Paris**.

5 Traduisez le texte de l'exercice 4 en anglais.

_____

_____

_____

_____

6 Lisez ce que font les jeunes d'un quartier en Belgique pour aider la communauté. C'est qui ?

> Moi, je vais acheter le journal pour mon voisin qui a plus de quatre-vingts ans. Et qui a du mal à marcher.
>
> **Danielle**

> J'ai planté plusieurs arbres dans le jardin public la semaine dernière.
>
> **Mamadou**

> Je viens de nettoyer le canal qui passe derrière ma maison. C'était difficile mais gratifiant.
>
> **Marc**

> Je fais souvent du bricolage pour ceux qui n'ont pas les moyens de payer les artisans.
>
> **Thomas**

> J'ai aidé les petits enfants dans un centre équestre près de là où je vis.
>
> **Adrienne**

> Je ne fais pas beaucoup mais je vais collecter des fonds pour un nouveau club de jeunes dans le quartier.
>
> **Ghislaine**

1 J'essaierai d'aider les jeunes à l'avenir.

_____

2 J'ai travaillé dans le parc.

_____

3 J'ai aidé les jeunes à faire du cheval.

_____

4 J'aide les gens qui n'ont pas beaucoup d'argent. _____

5 J'aide un vieil homme.

_____

6 J'ai rendu le quartier un peu plus propre. _____

7 Imaginez que vous êtes une personne âgée et que votre petit-fils/petite-fille est venu(e) vous aider chez vous la semaine dernière. Décrivez ce qu'il/elle a fait.

9.2 Questions mondiales

1 **Traduisez ces expressions en anglais.**

1 à mon avis _____

2 je suis d'accord _____

3 la discrimination raciale

_____

4 condescendant _____

5 le chômage _____

6 la racisme _____

7 l'intégration _____

2 **Lisez le texte et remplissez les blancs en anglais.**

Le chômage peut être un grand problème dans un pays multiculturel comme la France parce qu'il y a des personnes qui déclarent que les immigrés et les réfugiés sont la cause du chômage. Selon eux, ils prennent les emplois qui sont mal payés. Ça peut mener à la discrimination raciale ou même au racisme. Les sans-abris mènent une vie tragique : on les trouve dans toutes les grandes villes d'Europe. Ils dépendent de la générosité du public mais ils ont souvent des problèmes personnels. Il faut les aider, pas les critiquer !

1 France is a _____ country.

2 One big problem is _____.

3 Some people accuse _____ and _____ of being the cause.

4 It can lead to _____ or even _____.

5 The homeless depend on people's _____.

6 We need to _____ them, not _____ !

3 **Recopiez les phrases et remplacez les expressions soulignées avec un pronom.**

Elle a aidé le réfugié.– *Elle l'a aidé.*

1 J'ai vu le sans-abri près de la Seine. _____

2 Nous détestons le racisme. _____

3 On voit les sans-abri dans la rue. _____

4 Ils ont des problèmes personnels. _____

5 Paul n'aime pas le chômage. _____

6 Il a perdu son emploi. _____

→ *Grammaire: A3 Object pronouns SB p.229*

4 **Lisez l'opinion de Noémie. Écrivez vrai (V) ou faux (F).**

> Je travaille avec des sans-abri qui ont souvent des problèmes personnels. La question éternelle est : Doit-on leur donner de l'argent ? Il est bien possible qu'ils gaspilleront les sous, mais tous les sans-abri n'ont pas de tels problèmes. Est-ce que c'est mieux de leur donner à manger ou leur offrir une boisson comme du lait ou de l'eau ? La plupart des passants ne regardent jamais ces pauvres personnes qui sont souvent dans la rue à cause du chômage ou parce qu'elles ont fui un pays dangereux pour chercher une meilleure vie.

1 Noémie travaille dans un magasin. _____

2 Tous les sans-abri ont des problèmes personnels. _____

3 Il est mieux de leur donner de la nourriture. _____

4 Certains sans-abri ont perdu leur emploi. _____

5 Il y a des réfugiés parmi les sans-abri. _____

6 Les sans-abri ont trouvé une meilleure vie. _____

5 **Lisez l'opinion de Lucie sur les sans-abri à Rennes. Qu'en pensez-vous ? Écrivez une réponse à cet e-mail.**

> Malheureusement, je vois beaucoup de sans-abri sur la route de l'école. Ils dorment dans la rue car ils n'ont pas de maison. Naturellement ils sont au chômage, alors je leur donne toujours de l'argent, mais je me sens très triste. Selon moi, notre gouvernement devrait agir pour les aider au lieu de gaspiller de l'argent pour la fête nationale !

_____

_____

_____

_____

_____

6 **Préparez des réponses aux questions suivantes et discutez avec votre partenaire.**

- Pourquoi est-ce qu'on devrait aider les personnes défavorisées ?
- Qu'est-ce que tu as déjà fait pour aider les autres ?
- Il y a beaucoup de sans-abri dans ta région ? Pourquoi (pas) ?
- Qu'est-ce que tu feras à l'avenir pour aider les autres ?

_____

_____

_____

_____

_____

_____

_____

9.3 Qu'est-ce que je peux faire pour aider les autres ?

1 Écrivez les phrases à l'imparfait.

1 Je l'aime bien. _____

2 La dame est sympa. _____

3 La jeune fille chante. _____

4 Elle travaille avec des réfugiés. _____

5 Il fait beau. _____

6 Nous nous sentons tristes. _____

2 Mettez les mots dans le bon ordre pour faire des phrases. Commencez avec le mot souligné.

1 français de cours réfugiés <u>on</u> aux pourrait des donner

_____

2 peut sans-abri <u>on</u> de aux soupe donner la _____

3 enfants une pourrait école <u>on</u> dans aider primaire des

_____

4 visite personnes <u>je</u> rends âgées aux _____

5 handicapées <u>nous</u> personnes aidons les _____

3 Lisez le reportage de Léna et choisissez les bons mots pour compléter les phrases.

> **Léna :** Pendant les vacances d'été, je ne suis pas allée au bord de la mer. Je suis restée à Montréal pour assister à un programme bénévole dans un club des jeunes. Chaque jour, on travaillait avec des enfants dont les parents étaient au chômage. Ces enfants n'avaient pas la possibilité de partir en vacances parce que les familles n'avaient pas assez d'argent. On jouait à des instruments de musique, on chantait, on lisait et on dansait. C'était dur mais très gratifiant.

1 Léna a travaillé dans **un club des jeunes / une colonie de vacances / au bord de la mer**.

2 Les parents des enfants **travaillaient / ne travaillaient pas / ne voulaient pas travailler**.

3 Les parents de Léna **sont restés à Montréal / sont partis en vacances / ont travaillé**.

4 On faisait **beaucoup d'activités / une activité / du sport**.

5 Le travail était **facile / difficile / ennuyeux**.

4 Lisez ce texte sur un stage. Remplissez les blancs avec les mots de l'encadré. Il y a des mots en trop.

> perdu sacs viens sans-abri rue étaient avons parlé vais sommes vu maisons

> Je **1** _____ de faire un stage avec une association qui travaille avec les **2** _____ à Paris. Nous **3** _____ donné des **4** _____ de couchage à tous les SDF et ils **5** _____ tous très reconnaissants. Moi, j'ai **6** _____ avec un jeune de 19 ans qui habite dans la **7** _____ depuis un an. Il n'avait pas **8** _____ son sens de l'humour malgré sa situation douloureuse.

→ *Grammaire: A1 and A2 The imperfect tense SB p.234*

9.4 Les problèmes de l'environnement

1 **Mettez les mots français dans le bon ordre pour traduire les définitions.**

l'air la de pollution

plastiques mer la les dans

disparition forêts la des

ressources des l'épuisement naturelles

en espèces les danger

eaux pollution la des

1 exhausting natural resources _____

2 disappearing forests _____

3 air pollution _____

4 plastics in the sea _____

5 water pollution _____

6 species in danger _____

2 **Quel problème de l'environnement (de l'exercice 1) est décrit ici ?**

1 La disparition des tigres du Bengal. _____

2 Les voitures qui utilisent du diésel. _____

3 On jette des bouteilles dans l'océan. _____

4 On détruit les arbres pour cultiver du blé. _____

5 Les bateaux rejettent de l'huile dans la mer. _____

6 Dans 100 ans, il n'y aura plus de charbon. _____

3 **Lisez l'article et remplissez les blancs en anglais.**

Il faut toujours penser aux conséquences de nos actions quotidiennes. Après le sport, on boit peut-être une bouteille d'eau. La bouteille est en plastique, alors, qu'est-ce qu'on en fait ? Même si on met la bouteille dans la poubelle, certaines matières plastiques ne peuvent pas être recyclées. Dans l'Océan Pacifique, on a identifié une véritable montagne de débris plastiques qui est plus grande que le Mexique. Certes, une personne ne peut pas résoudre tous les problèmes du monde, mais on peut contribuer, par exemple, en emportant toujours une bouteille qu'on remplit, et qu'on ne jette pas. Pourquoi ne pas utiliser une bouteille en verre ?

You should always consider the _____ of your _____ actions. You may use _____ bottles but even if you put them in the bin, some are not _____. In the Pacific Ocean they have found a _____ of plastic that is larger than the size of _____. You can _____ to solving pollution problems by _____ your water bottle.

4 **Remplissez les blancs avec *de*, *d'* ou *à*.**

1 Il est possible _____ éviter la pollution.

2 Il faut penser _____ l'environnement.

3 J'essaie _____ recycler mes sacs en plastique.

4 On continue _____ utiliser le charbon.

5 J'ai commencé _____ recycler mes bouteilles.

6 Il est important de parler _____ ces problèmes.

5 **Avec votre partenaire, faites une liste des problèmes environnementaux les plus importants.**

- _____
- _____
- _____
- _____
- _____
- _____

6 **Discutez de votre liste de l'exercice 5. Qu'est-ce qu'il faut faire pour améliorer ces problèmes ?**

7 **Écrivez un paragraphe pour le site web de votre école. Mentionnez :**

- les problèmes mondiaux liés à la pollution
- ce qui cause ces problèmes
- ce qu'il faut faire pour améliorer la situation

_____
_____
_____
_____
_____
_____
_____
_____
_____
_____
_____

→ *Grammaire: A4 Verbs followed by à + an infinitive SB p.238 and Verbs followed by de + an infinitive SB p.238*

9.5 Des gestes pour sauver la planète

1 Traduisez les expressions en anglais.

1 des produits bio _____

2 du papier recyclé _____

3 de l'eau de pluie _____

4 trop d'emballages _____

5 trier les ordures _____

6 fermer le robinet _____

2 Lisez le témoignage de Nana. Écrivez vrai (V), faux (F) ou pas mentionné (PM)

> **Nana**
> Ici au Mali, on n'a pas le luxe de prendre une douche à toute heure ou d'ouvrir le robinet pendant cinq minutes pour se brosser les dents ! L'eau est précieuse en Afrique. Certains membres de ma famille qui habitent loin de la ville doivent récupérer de l'eau de pluie. Alors, pensez à ceux qui n'ont pas assez d'eau, et écomomisez-la, s'il vous plaît. Sinon, vous aurez un jour le même problème que nous.

1 L'eau est plus précieuse en Afrique qu'en Europe. _____

2 Nana peut prendre une douche souvent. _____

3 Tous les membres de la famille de Nana récupèrent l'eau de pluie. _____

4 Il faut faire attention à la consommation de l'eau partout dans le monde. _____

5 Nana a une très grande famille. _____

6 L'eau est très chère au Mali. _____

3 Reliez les débuts et les fins de phrase.

1 Si plus de personnes étaient végétariennes,... ☐

2 Si j'ai assez d'argent,... ☐

3 Si je change mes habitudes,... ☐

4 Si papa prenait moins de douches,... ☐

5 Si le gouvernement ne fait rien,... ☐

6 Si on ne pense pas à économiser l'eau,... ☐

a ... ça sera bon pour tout le monde.

b ... il économiserait de l'eau.

c ... il y aura une catastrophe.

d ... il n'y en aura bientôt plus.

e ... le monde aurait besoin de moins de viande.

f ... j'achète toujours des produits bio.

4 Complétez les phrases avec la bonne forme du verbe.

1 Si on _____ (prendre/présent) une douche au lieu d'un bain, on _____ (économiser/futur) beaucoup d'eau.

2 Si vous _____ (aller/imparfait) partout à pied, il y _____ (avoir/conditionnel) moins de pollution.

3 Si je _____ (voyager/présent) en bus, cela _____ (réduire/futur) la circulation.

4 Si tu _____ (utiliser/imparfait) moins de sacs en plastique, tu _____ (pouvoir/conditionnel) aider l'environnement.

5 Si tout le monde _____ (recycler/présent) plus de choses, cela _____ (aider/futur) notre société.

6 Si les gens _____ (éteindre/imparfait) les lumières en quittant une pièce, cela leur _____ (permettre/conditionnel) d'économiser de l'électricité.

→ *Grammaire: A4 The present tense SB p.231–233, The imperfect tense SB p.234, The future tense SB p.236 and The conditional SB p.236*

5 **Parler : Jeu de rôle**

> **Vous parlez avec un(e) ami(e) francophone à propos de votre engagement pour votre communauté.**
>
> **Candidat(e) :** vous-même
>
> **Professeur :** ami(e)
>
> Le/la professeur va commencer le jeu de rôle.
>
> Répondez à toutes les questions.

6 **Parler: Conversation**

> Répondez aux 5 questions.
>
> Le/la professeur va commencer la conversation.
>
> Répondez à toutes les questions.

7 **Écrire**

Les problèmes de l'environnement chez vous

Écrivez un e-mail à un(e) ami(e) en France à ce sujet.

- Décrivez comment votre famille recycle les déchets à la maison
- Qu'est-ce que vous faites pour économiser de l'énergie ?
- Quel est le problème principal dans votre région ?
- Qu'est-ce que vous avez fait récemment pour aider l'environnement dans votre région ?

Écrivez 80–90 mots en français.

_____

_____

_____

_____

_____

_____

_____

_____

_____

_____

> Include specific things you do (*je fais…* , *j'aide…*, etc.) as well as things people could do (*on pourrait…*).

10 Ma vie dans le monde moderne

10.1 La révolution numérique

1 Réécrivez les phrases a) au passé composé et b) à l'imparfait.

1 Internet nous facilite la vie.

  a Je trouve que _____.

  b _____ quand nos parents étaient malades.

2 Je peux rester en contact avec mes amis.

  a Quand mon téléphone était en panne, _____.

  b Quand j'étais aux États-Unis, _____.

3 Marie passe beaucoup de temps en ligne.

  a Le weekend dernier, Marie _____.

  b Pendant la journée, _____.

4 Mon père se connecte à Twitter.

  a Hier, mon _____.

  b _____ plusieurs fois par jour.

5 Je n'ai pas accès à Internet.

  a En vacances, je _____.

  b _____ quand j'étais au Sénégal.

2 Traduisez les phrases 4 et 5 de l'exercice 1 en anglais (présent, passé composé et imparfait).

Présent

4 _____

_____

5 _____

_____

Passé composé

4 _____

_____

5 _____

_____

Imparfait

4 _____

_____

5 _____

_____

→ *Grammaire: A1 The perfect tense SB p.234–235 and The imperfect tense SB p.234; A2 The present tense SB p.231–232, The perfect tense SB p.234–235 and The imperfect tense SB p.234*

3 Lisez le texte et répondez par vrai (V), faux (F) ou pas mentionné (PM).

> La technologie peut produire des difficultés pour les familles. Une personne voudrait peut-être lire un e-mail important pendant le dîner mais un autre membre de la famille pense que c'est impoli. Qui a raison ? Moi, je pense qu'attendre jusqu'à la fin du repas est la meilleure solution mais mon fils n'est pas d'accord. Si le message est urgent (peut-être que quelqu'un est malade ou a eu un accident), il vaudrait mieux répondre tout de suite. Certainement la technologie est avantageuse pour ceux qui habitent loin d'une ville. Grâce à Internet, on peut lire les actualités et commander des produits en ligne, même s'il n'y a pas de magasins accessibles à proximité.
>
> **Philippe**

1 Le père pense que lire un e-mail à table est impoli. _____
2 Son fils est d'accord avec lui. _____
3 On devrait ignorer un message important. _____
4 Quelqu'un pourrait être en danger. _____
5 La mère est d'accord avec le père. _____
6 Le shopping en ligne est un avantage pour ceux qui habitent à la campagne. _____

4 Traduisez les phrases en anglais.

1 Mon frère passe trop de temps sur les réseaux sociaux.

_____

2 Je ne pourrais pas vivre sans mon portable.

_____

3 Internet nous donne un moyen utile de nous renseigner sur le monde.

_____

4 J'ai récemment suivi les activités de mes amis en Afrique.

_____

5 Je posterai mes photos de vacances en ligne.

_____

5 Lisez le texte. Remplissez les blancs avec les mots de l'encadré. Il y a des mots en trop.

> inconnus   donne   vu   téléchargé   permet   sais   gris
> nouveau   clips   parfois   jamais   sans

> Internet me **1** _____ de chatter avec mes cousins au Sénégal
> **2** _____ utiliser mon portable. Hier j'ai **3** _____ de la musique,
> j'ai acheté un **4** _____ pantalon et j'ai regardé des **5** _____ vidéo
> en ligne. Pourtant, je **6** _____ qu'il est **7** _____ dangereux de
> passer trop de temps sur Internet, surtout quand on bavarde avec des **8** _____.

10.2 Jusqu'où irons-nous ?

1 **Reliez les expressions françaises et leur équivalent anglais.**

1 des jeux en ligne	☐	**a** allowed
2 utiliser Snapchat	☐	**b** check an account
3 envoyer un texto	☐	**c** reply to messages
4 répondre aux messages	☐	**d** online games
5 vérifier un compte	☐	**e** social media
6 autorisé	☐	**f** use Snapchat
7 les réseaux sociaux	☐	**g** send a text

2 **Lisez les opinions de ces élèves. Écrivez les prénoms.**

J'ai envoyé un texto à mon ami Mehdi mais il n'a pas répondu. C'est nul, je trouve ça très impoli.
Mohammed

J'ai attendu des heures pour recevoir un message de Mohammed mais rien ! Penses-tu que mon portable soit en panne ?
Mehdi

J'ai commandé une nouvelle robe en ligne mais quand elle est arrivée elle était trop grande. Je suis très déçue.
Lina

J'ai été victime de cyber-violence. J'ai posté des photos sur Instagram et j'ai reçu des messages méchants. J'ai peur maintenant.
Nora

Facetime est très avantageux pour notre famille parce que mes cousins habitent au Vietnam et on peut les contacter facilement.
Sofia

1 Qui est déçu de n'avoir pas reçu une réponse ? _____

2 Qui a un problème avec un achat ? _____

3 Qui pense que la technologie est utile ? _____

4 Qui a été agressé en ligne ? _____

5 Qui attend un texto avec impatience ? _____

3 **Écrivez les phrases a) au passé composé et b) au futur.**

1 Carla se sert de son portable.
a _____
b _____

2 On se retrouve pendant la récréation.
a _____
b _____

3 Je me lève à sept heures.
a _____
b _____

4 Les élèves se servent de leurs portables.
a _____
b _____

5 Je me brosse les dents.
a _____
b _____

4 Un prof canadien donne son opinion sur la technologie. Lisez le texte et choisissez les bons mots pour compléter les phrases.

Chez nous au collège il n'est pas permis d'allumer son portable pendant les cours. Quand un téléphone sonne pendant un cours ça peut être très énervant ! À cause de ça, les portables sont autorisés avant et après l'école, et pendant la récréation. Mais un jour… qui sait ? Je pourrai donner mes cours par Skype et je pourrai rester à la maison – excellente idée ! Les élèves se serviront de Google pour trouver les réponses à toutes mes questions. Notre société a bien changé depuis ma jeunesse.

1 Téléphoner pendant les cours est **permis / normal / interdit**.

2 Envoyer un texto pendant la récré est **autorisé / pas permis / difficile**.

3 On pourra un jour apprendre **par téléphone / en ligne / en classe**.

4 Selon le texte, on pourra faire des recherches **en ligne / dans un livre / à la bibliothèque**.

5 Le prof est **content / triste / inquiet**.

5 Discutez en groupes.

● Quel est l'avenir de la technologie ?

● Donnez des exemples d'avancées technologiques qui existeront peut-être un jour.

6 Lisez les opinions des jeunes sur Internet. C'est qui ?

Bernard
Grâce aux forums, tout le monde peut donner son opinion.

Sunita
Moi, je me suis fait de nouveaux amis sur les réseaux sociaux.

Julien
Je viens d'acheter une nouvelle tablette et c'est extra.

Véronique
Je sais facilement où j'en suis avec mon argent car j'ai téléchargé une nouvelle application.

Sarah
Moi, je n'ai plus besoin d'une carte quand je voyage parce que mon portable me renseigne sur les directions.

Robert
La fonction agenda sur mon téléphone est pratique et utile.

1 Je sais si j'ai des rendez-vous importants. _____

2 J'ai fait un achat récent. _____

3 On peut exprimer son point de vue facilement. _____

4 Je sais toujours où je vais. _____

5 Je peux vérifier mon compte bancaire en ligne. _____

6 Internet m'a donné l'occasion de faire de nouvelles rencontres. _____

10.3 Que nous réserve l'avenir ?

1 **Reliez les expressions aux définitions.**

1 se réfugier ☐   a bouteilles et plastique

2 les déchets ☐   b quelque chose à boire

3 le déboisement ☐   c fuir un pays dangereux

4 l'eau douce ☐   d les arbres qui disparaissent

5 le réchauffement de la planète ☐   e les guerres

6 les conflits internationaux ☐   f la planète devient trop chaude

2 *Ce qui, ce que*, ou *ce dont* ? **Choisissez les bons mots.**

1 Ce qui / que / dont m'énerve, c'est la pollution.

2 Ce qui / que / dont j'ai peur, c'est le réchauffement de la planète.

3 Ce qui / que / dont je n'aime pas, ce sont les personnes qui jettent leurs déchets par terre.

4 Ce qui / que / dont l'Afrique a besoin, c'est de la pluie.

5 Ce qui / que / dont mon père a parlé, c'était de la guerre.

6 Pierre ne sait pas ce qui / que / dont se passe.

7 Ce qui / que / dont étonnait mon père, c'était que je n'avais jamais vidé les poubelles.

8 Ce qui / que / dont m'intéresse, c'est l'environnement.

3 **Lisez ce texte sur l'avenir de notre planète et répondez aux questions en français.**

Le programme des Nations Unies pour l'environnement (PNUE) a récemment identifié plusieurs menaces graves pour la planète. En premier lieu, on a le changement climatique, suivi par le taux d'extinction des espèces, mais il existe d'autres problèmes.

Selon les gouvernements de plusieurs pays africains, le défi à alimenter une population croissante devrait être abordé et au Mali, on parle de la contamination de l'eau qui est la cause la plus importante de maladies et de morts.

1 Selon le PNUE, quel est le problème le plus grave au monde ?

_____

2 Quelle est la deuxième menace ?

_____

3 D'après beaucoup de gouvernements africains, quel problème devrait-on résoudre ?

_____

4 Pourquoi est-ce qu'on parle souvent de l'eau au Mali ?

_____

5 De quoi est-ce qu'on parle au Canada ?

_____

6 Et en Tunisie ?

_____

10.4 Si je gouvernais le monde...

1 **Conjuguez les verbes au conditionnel.**

1 Je _____ des études. (faire)

2 Le gouvernement _____ à lutter contre la pollution. (continuer)

3 Paul _____ être maire du Havre. (aimer)

4 Si j'avais le choix, j'_____ les réfugiés. (aider)

5 La Belgique _____ moins d'inégalité. (avoir)

6 Il _____ interdit de fumer dans les rues. (être)

7 Nous _____ à voir se réduire les crimes de violence. (commencer)

8 On _____ penser à l'avenir. (devoir)

2 **Traduisez les phrases de l'exercice 1 en anglais.**

_____

_____

_____

_____

3 **Discutez avec votre partenaire.**

● Si tu le pouvais, qu'est-ce que tu ferais pour améliorer le monde ? Donne cinq exemples.

4 **Lisez les opinions et répondez aux questions.**

> J'aimerais améliorer la situation pour ceux qui se trouvent sans abri.
>
> **Martine**

> Je trouve qu'on devrait aider les étudiants qui ont des problèmes financiers.
>
> **Clément**

> Je connais des amis qui pensent que certains réseaux sociaux devraient être interdits, mais moi, je n'en suis pas sûr.
>
> **Adam**

> Si je devenais présidente, j'augmenterais les amendes pour ceux qui conduisent trop vite en ville.
>
> **Lina**

Who wants to:

1 ban some social media? _____

2 help the homeless? _____

3 fine speeding drivers? _____

4 make life better for students? _____

5 **Reliez le problème et la solution.**

1 On manque d'eau.	☐	a Limitez les gaz d'échappement.
2 On utilise trop d'énergie.	☐	b Prenez une douche au lieu d'un bain.
3 On n'a pas assez à manger.	☐	c Utilisez des sacs en papier.
4 On pollue l'air.	☐	d Cultivez plus de nourriture.
5 Il n'y a pas assez d'arbres.	☐	e Arrêtez le déboisement.
6 Il y a trop de déchets en plastique.	☐	f Limitez l'usage de l'électricité.

➜ *Grammaire: A1 The conditional SB p.236*

10.5 Je rêve de...

1 **Lisez les phrases et écrivez présent, conditionnel ou futur.**

1 J'irai aux États-Unis. _____

2 Matthieu voudrait devenir agent de police. _____

3 Ma sœur veut finir ses examens. _____

4 Nous voulons aller au lycée. _____

5 Voudriez-vous trouver un emploi ? _____

6 Elles veulent lutter contre la pauvreté en Afrique. _____

7 J'aimerais me marier un jour. _____

8 Je travaillerai dans une banque. _____

2 **Choisissez la forme subjonctive du verbe.**

1 Il faut que **je fais / fasse** la vaisselle.

2 Avant que nous **partons / partions**, nous prendrons une douche.

3 Maman veut que je **finisse / finis** mes devoirs.

4 Il faut que **je vais / j'aille** à la maison.

5 Il est possible que je **vende / vends** ma voiture.

6 Je resterai à l'école jusqu'à ce que je **peux / puisse** réussir mes examens.

3 **Lisez le texte du professeur du collège et répondez par vrai (V), faux (F) ou pas mentionnné (PM).**

J'ai parlé avec mes élèves de leurs ambitions après avoir quitté le collège. Plusieurs d'entre eux m'ont dit qu'ils voudraient aller au lycée, passer leur bac et, après ça, faire des études à l'université pour devenir médecin, avocat ou prof. D'autres m'ont dit qu'ils n'avaient aucune idée de ce qu'ils voulaient faire ; pour eux il faudrait d'abord partir en vacances et se détendre. J'étais content de voir que beaucoup de mes élèves avaient l'intention d'aider d'autres personnes avec des problèmes dans la vie : des familles au Sénégal sans eau et nourriture, par exemple, ou des personnes âgées qui ont besoin d'assistance pour faire leurs courses. La plupart des élèves ont dit qu'ils avaient l'intention de se marier et d'avoir des enfants. Je vais peut-être faire cours à leurs enfants un jour !

1 Plusieurs étudiants veulent aller à la fac. _____

2 Personne ne veut aller en vacances. _____

3 Certains étudiants ne savent pas ce qu'ils vont faire à l'avenir. _____

4 Certains voudraient faire du travail bénévole en Afrique. _____

5 Beaucoup d'étudiants aimeraient être des vedettes de musique. _____

6 Plusieurs étudiants veulent faire du sport à un niveau professionnel. _____

7 Personne ne veut se marier. _____

8 Il sera peut-être le prof de leurs enfants à l'avenir. _____

→ *Grammaire: A1 The present tense SB p.231–233, The conditional SB p.236 and The future tense SB p.236; A2 The subjunctive mood SB p.238* quatre-vingt-onze **91**

4 Lisez le texte. Remplissez les blancs avec les mots de l'encadré. Il y a des mots en trop.

> heureux voulu envie grave moi faire aller
> compte quand disent pense sauver

À l'avenir, j'ai **1** _____ de voyager. J'aimerais également **2** _____
du bénévolat, mais je ne sais pas **3** _____ et où. Mes copains
4 _____ qu'ils vont **5** _____ la planète, pourtant, je
6 _____ qu'ils plaisantent. Selon **7** _____, la chose la plus
importante dans ma vie sera d'être **8** _____ .

5 Écrivez un paragraphe sur vos ambitions pour l'avenir.

Utilisez :

- des expressions d'intention : je veux... j'ai l'intention de... j'ai envie de...
- le conditionnel : je voudrais... j'aimerais... il vaudrait mieux...
- le futur : j'irai... je ferai... j'économiserai...
- le subjonctif : il faut que... pour que... je veux que...

_____
_____
_____
_____
_____
_____
_____
_____

6 Lisez le paragraphe (exercice 5) de votre partenaire. Réécrivez le paragraphe en utilisant la forme il/elle...

_____
_____
_____
_____
_____
_____
_____
_____
_____

→ *Grammaire: A5 The conditional SB p.236, The future tense*
SB p.236 and The subjunctive mood SB p.239

Assessment questions

7 **Parler : Jeu de rôle**

> **Vous êtes dans un magasin pour acheter un nouveau téléphone. Vous parlez avec le vendeur/la vendeuse.**
>
> **Candidat(e) :** vous-même
>
> **Professeur :** vendeur/vendeuse
>
> Le/la professeur va commencer le jeu de rôle.
>
> Répondez à toutes les questions.

> Be prepared to be asked something unexpected. Try to anticipate what might be said in the context and how to respond.

8 **Parler: Conversation**

> Répondez aux 5 questions.
>
> Le/la professeur va commencer la conversation.
>
> Répondez à toutes les questions.

9 **Écrire**

La technologie

- Décrivez comment les jeunes utilisent la technologie.
- Quels sont les avantages et les inconvénients d'Internet ?
- Que pensez-vous des réseaux sociaux ? Expliquez votre opinion.
- Comment avez-vous utilisé la technologie la semaine dernière ?

Écrivez 80–90 mots en français.

_____

_____

_____

_____

_____

_____

_____

_____

_____

_____

_____

French pronunciation and stress

Listen and use the following charts to help you acquire the correct pronunciation for French sounds.

Vowels

These are the main ways in which French vowels are pronounced:

Letter(s)	Pronunciation guide (UK English)	Example
a	like *a* in *fat*	c<u>a</u>sserole
	like *a* in *car*	b<u>a</u>s
	when followed by n: like *en* in *encore*	d<u>ans</u>
e	like *uh* at the start of *about*	l<u>e</u>
	like *e* in *set*	m<u>e</u>rci
	when followed by n: like *en* in *encore*	c<u>ent</u>
	when followed by r: like *ay* in *bay*	parl<u>er</u>
	The letter e in French is sounded like *ay* in English when followed by a consonant at the end of a word (*un volet*) or by a double consonant within a word (*il jette*).	
é	like *ay* in *bay*	r<u>é</u>gion
è	like *ai* in *air*	p<u>è</u>re
i	like *ee* in *seem*	b<u>i</u>llet
	when followed by n: like *a* in *sang*	mat<u>in</u>
o	like *o* in *spot*	d<u>o</u>nner
	like *o* in *coat*	m<u>o</u>t
u	when followed by n: like *u* in *sung*	l<u>un</u>di
	To make the **u** sound for words like **rue** and **pure**, place your lips as if you were going to whistle.	

Vowel combinations

These are the main ways in which French vowel combinations are pronounced:

Letter(s)	Pronunciation guide (UK English)	Example
ai	like *e* in *set*	m<u>ai</u>s
	when followed by n: like *a* in *sang*	p<u>ain</u>
au	like *o* in *goat*	g<u>au</u>che
eu	*euh*	p<u>eu</u>
eau	*oh*	cout<u>eau</u>
ou	*oo*	gen<u>ou</u>

> Two words you will often hear – **oui** (*yes*) and **lui** (*him*) are examples of a breathy *w* sound – they're pronounced rather like *hwee* and *lwhee*.

Consonants

Most French consonants are pronounced the same as in English. Some consonants, however, are pronounced differently depending on which vowel follows:

Letter(s)	Pronunciation guide (UK English)	Example
c	*k* as in *keen* when it is followed by **a**, **o** or **u**	*cadeau, copain*
	when a cedilla (**ç**) is added to the **c**, it will sound like *s* in *sit*	*garçon*
	s as in *ceiling* when it is followed by **e**, **i** or **y**	*séance, citron, cypress*
ch	*sh* as in *shop*	*chemise*
g	*g* as in *gate* when it is followed by **a**, **o** or **u**	*gaz, gorge, aigu*
	s as in *leisure* when it is followed by **e**, **i** or **y**	*juge, gilet, gym*
gn	*ni* as in *onion*	*oignon*
j	*s* as in *leisure*	*jeter*
q, qu	*k* as in *keen*	*question*
s	*z* as in *zoo* when it is between vowels	*oiseau*
	s as in *sit* when it is before another consonant or when it is doubled	*historique, cassé*
th	*t* as in *take*	*théâtre*
t in -tion	*s* as in *sit*	*natation*
h	when it begins a word, it can be 'silent'	*l'homme, un hôtel*
	Sometimes you need to 'breathe' it out	*les haricots*
r	*rr*: a rolling sound in the back of the throat	*rouge*
ll	*y* as in *yes*	*fille*

Stress

In many languages, certain parts of words are stressed. For example, in English, a particular syllable is stressed in some words: **concert**, **dentist**. In French, each syllable has its own length and each is pronounced with the same intensity: **malheureusement, cadeau.**

Silent letters

Not all the letters in French words are pronounced – especially final consonants. The final consonant is not sounded in the following, for example:

vert (*green*)

grand (*tall*)

petit (*small*)

ouvert (*open*)

However, if the final consonant is followed by an **e**, for example in the feminine form of the adjective, the consonant is pronounced. The feminine forms **verte**, **grande**, **petite**, and **ouverte** all end with consonant sounds.

Liaison

Liaison is what happens when a French word ending in a consonant, which would usually be silent, for example, **petit** (*small*), **les** (*the*), comes before a word starting with a vowel or a 'silent' **h**. The silent consonant is sounded to make the words flow more easily.

petit ami (*boyfriend*) is pronounced puh-teet-ah-mee (the **t** at the end of **petit** is sounded)

les hôtels (*hotels*) is pronounced layz-oh-tel (the **s** at the end of **les** sounds like a *z*)